# Finanzratgeber Ruhestandsplanung
## Rechtzeitig Weichen stellen, im Alter gut leben

Detlef Pohl

Akademische Arbeitsgemeinschaft Verlag | Mannheim

© 2014 by Akademische Arbeitsgemeinschaft Verlag
Wolters Kluwer Deutschland GmbH
Postfach 10 01 61 · 68001 Mannheim
Telefon 0621/8626262
Telefax 0621/8626263
www.akademische.de

Stand: Juni 2014

Das Werk einschließlich seiner Teile ist urheberrechtlich geschützt. Jede Verwertung außerhalb der Grenzen des Urheberrechtsgesetzes ist ohne Zustimmung des Verlags unzulässig. Das gilt insbesondere für die Vervielfältigung, Übersetzung, Mikroverfilmung sowie Einspeicherung und Verarbeitung in elektronischen Systemen.

Alle Angaben wurden nach genauen Recherchen sorgfältig verfasst; eine Haftung für die Richtigkeit und Vollständigkeit der Angaben ist jedoch ausgeschlossen.

Redaktion: Dr. Torsten Hahn, Dorothee Hoßbach
Verlagsleitung: Hubert Haarmann
Herstellung und Satz: Nicole Rieser

Druck: Paper & Tinta, Nadma
ISBN 978-3-86817-600-1

# Vorwort

## Sicher ist nur die Versorgungslücke

Deutschland altert kollektiv in rasantem Tempo. Die Demografie-Falle lässt die Sozialsysteme immer stärker an ihre Grenzen stoßen – mit zumeist finanziellen Nachteilen für jede neue Rentner-Generation. Gegensteuern lässt sich nur durch private und betriebliche Eigenvorsorge. Ohne individuelles Vermögens-Management könnte es für viele spätestens mit 70 finanziell eng werden. Doch die heute 65-Jährigen werden im Schnitt schon reichlich 80 Jahre alt. Die Versorgungslücke will möglichst sicher und ertragreich gefüllt werden. Das klappt mit verstärktem Engagement in jedem Alter. Jüngere haben den Faktor Zeit auf ihrer Seite und können so selbst mit geringen Beträgen große Summen auf die Seite legen. Ältere, die zumeist auch über höheres Einkommen verfügen, müssen da schon größere Beträge investieren, um denselben Effekt zu schaffen.

Der Ratgeber zeigt dies an zahlreichen Beispielen. Er richtet sich an alle Altersgruppen und berücksichtigt typische Berufs- und Familiensituationen. Es wird beschrieben, wie man auf dem Fundament der gesetzlichen Rente und Betriebsrente den individuellen Mix passender Anlageformen hinbekommt. Sie erfahren auch, wie Sie Ihren persönlichen Kassensturz machen können, um den künftigen Finanzbedarf abschätzen zu können, und wie die altersgerechte Risikovorsorge für Invalidität, Pflege und Tod aussieht. Und Sie erhalten praktikable Tipps zur eigenen Immobilie im Ruhestand. Natürlich kommen jeweils die steuerlichen Aspekte nicht zu kurz. Abgerundet wird das Buch mit Ratschlägen zur Zukunftsplanung – bis hin zur finanziellen Regelung des Erbes.

Am Schluss ist der Leser hoffentlich sensibilisiert und blendet das Thema Ruhestandsplanung nicht länger aus. Noch spart rund ein Viertel aller Deutschen keinen Cent fürs Alter und tut sich damit keinen Gefallen. Doch der Konsumverzicht lässt sich durch die Kombination von langer Zeit und Zinsen elegant abfedern, ohne zu darben. Dieses Buch hilft Ihnen dabei – trotz der Finanzkrise und ihrer langwierigen Niedrigzinsfolgen.

Viel Erfolg wünscht Ihnen

*Detlef Pohl*

# Inhalt

**1 KASSENSTURZ** .......... **9**
    1.1 Ihr aktuelles Vermögen und die Schulden .......... 9
    1.2 Der künftige Bedarf .......... 12
    1.3 Die künftigen Einkünfte .......... 13
    1.4 Künftige Einnahmen und Ausgaben ins Verhältnis setzen .... 15
    1.5 Die Versorgungslücke erkennen und berechnen .......... 17
    1.6 Vorsorge auf den Bedarf ausrichten .......... 20
    1.7 Was ein persönlicher Finanzplan bringt .......... 22
    1.8 So werden die Lücken sinnvoll gefüllt .......... 23

**2 WAS DIE GESETZLICHE RENTE BIETET** .......... **27**
    2.1 Altersrente schmilzt zur Grundversorgung .......... 27
    2.2 Preisfrage: Wie viel Geld kann ich erwarten? .......... 29
    2.3 Renteninformation mit Vorsicht zu genießen .......... 30
    2.4 Ab wann in Rente? .......... 32
    2.5 Vor 65 voll in Rente – Hinzuverdienst kaum möglich .......... 35
    2.6 Zusätzlich zur Altersrente: Invaliden- und Hinterbliebenenrente .......... 36
    2.7 Rente später ins Ausland? .......... 38
    2.8 Rente ist sicher, sinkt aber tendenziell .......... 39

**3 WIE DER STAAT VERMÖGENSBILDUNG FÖRDERT** .......... **41**
    3.1 Vermögenswirksame Leistungen .......... 41
    3.2 Mitarbeiterbeteiligung .......... 44
    3.3 Wohnungsbauprämie .......... 45
    3.4 Riester-Rente .......... 47
    3.5 Basisrente .......... 48
    3.6 Betriebsrente .......... 50
    3.7 Frühzeitig die Förderung nutzen .......... 51

**4 PRIVATE VORSORGE MIT DER RIESTER-RENTE** .......... **53**
    4.1 Förderung und Mindesteigenbeitrag .......... 53
    4.2 Wie viel Geld man erwarten kann .......... 54
    4.3 Förderfähige Anlageformen .......... 56

## Inhaltsverzeichnis

    4.4 Anlageformen im Vergleich ................................. 56
        4.4.1 Riester-Banksparplan ................................. 57
        4.4.2 Riester-Investmentfondssparplan .................... 58
        4.4.3 Riester-Versicherungsrente .......................... 60
    4.5 Wie die Förderung konkret organisiert wird .............. 62
    4.6 Wohn-Riester ............................................. 64
    4.7 Lohnt der Abschluss auch noch mit 50? .................... 66
    4.8 Eingezahltes Geld ist sicher ............................. 68

**5 PRIVATE VORSORGE MIT DER BASISRENTE** .................... **71**
    5.1 Grundzüge der Förderung ................................. 71
    5.2 Förderberechtigte Personen .............................. 74
    5.3 Wie viel Geld man erwarten kann ......................... 75
    5.4 Förderfähige Anlageformen ............................... 76
    5.5 Anlageformen im Vergleich ............................... 77
    5.6 Lohnt der Abschluss auch noch mit 50? .................... 79
    5.7 Besonderheiten bei Selbstständigen ...................... 80
    5.8 Eingezahltes Geld ist sicher ............................. 82

**6 BETRIEBLICHE ALTERSVERSORGUNG** .......................... **83**
    6.1 Fünf Formen der Betriebsrente mit Vor- und Nachteilen ..... 84
    6.2 Am besten: Rente vom Chef ............................... 85
    6.3 Am zweitbesten: Entgeltumwandlung des eigenen Lohns ..... 86
    6.4 Direktversicherung als beliebtester Weg ................. 87
    6.5 Pensionskassen in der Warteschleife ..................... 88
    6.6 Wenn der Job gewechselt wird ............................ 89
    6.7 Wie sicher ist meine Betriebsrente? ..................... 91

**7 VERSICHERUNGEN ALS ELEMENTARE RISIKOVORSORGE** ....... **93**
    7.1 Welche Verträge wichtig sind ............................ 93
    7.2 Lohnt der späte Einstieg noch? .......................... 95
    7.3 Gegen Schadensersatz, Invalidität und Pflegefall wappnen ... 96
        7.3.1 Schadensersatz ..................................... 96
        7.3.2 Invalidität ........................................ 99
        7.3.3 Pflegezusatz ...................................... 101
    7.4 Auf Reisen richtig versichert .......................... 105
    7.5 Altersvorsorge mit Lebensversicherungen – was bringt das? . 108
    7.6 Was wird ab 65 anders? ................................. 110
    7.7 Wie sicher ist meine Lebensversicherung? ............... 112

**Inhaltsverzeichnis** |

| 8 | **GELD RICHTIG ANLEGEN** .................................. **115** |
|---|---|
| | 8.1 Anlageziele und Lebensumstände ....................... 115 |
| | 8.2 Vermögensplanung und der optimale Anlage-Mix ......... 117 |
| | 8.3 Kurzfristige Anlagen im Detail ......................... 120 |
| |     8.3.1 Sparbuch ........................................ 120 |
| |     8.3.2 Tagesgeld ....................................... 121 |
| |     8.3.3 Festgeld ........................................ 122 |
| | 8.4 Mittelfristig interessante Anlageformen ................. 123 |
| |     8.4.1 Sparbriefe ....................................... 123 |
| |     8.4.2 Pfandbrief ...................................... 124 |
| |     8.4.3 Bundeswertpapiere .............................. 124 |
| |     8.4.4 Investmentfonds ................................ 125 |
| | 8.5 Tipps für Anleger mit 50 ............................... 127 |
| | 8.6 Wo es gute Beratung zu Geldanlagen gibt ............... 128 |
| | 8.7 Wie sicher sind meine Geldanlagen? ................... 130 |
| 9 | **EIGENE IMMOBILIE FÜR DEN RUHESTAND** ................. **135** |
| | 9.1 Mieten oder kaufen? ................................... 135 |
| | 9.2 Die passende Finanzierung ............................ 137 |
| | 9.3 Haus oder Wohnung? .................................. 138 |
| | 9.4 Vermietete Immobilien als Kapitalanlage ................ 140 |
| | 9.5 Lebenslanges Wohnrecht organisieren ................. 143 |
| | 9.6 Wie sicher ist meine Hausfinanzierung? ................ 146 |
| 10 | **VERMÖGENSMANAGEMENT ZU RENTENBEGINN** ............ **149** |
| | 10.1 Das richtige Verhältnis von Kapitalverzehr und Kapitalerhalt ................................................ 149 |
| | 10.2 Der Zinseszins zählt auch im Alter .................... 152 |
| | 10.3 Wenn die Kapitalversicherung fällig wird .............. 154 |
| | 10.4 Sinn und Unsinn der Verrentung von Vermögen ........ 156 |
| |     10.4.1 Auszahlplan der Bank oder Fondsgesellschaft ..... 156 |
| |     10.4.2 Private Rentenversicherung ..................... 157 |
| | 10.5 Wie ein Entnahmeplan beschaffen sein sollte .......... 158 |
| | 10.6 Tipps für Anleger im Rentenalter ..................... 160 |
| | 10.7 Inflation und der kritische Zinssatz ................... 162 |

| Inhaltsverzeichnis

**11 ALTERSVORSORGE UND STEUERN** ........................ **165**
   11.1 Steuern auf Altersrente und sonstige Basisversorgung ...... 165
   11.2 Steuern auf Pensionen ................................. 169
   11.3 Steuern auf Riester- und Betriebsrente ................... 170
   11.4 Steuern auf sonstige Kapital-Versicherungen .............. 172
   11.5 Steuern auf Geldanlagen ................................ 173
   11.6 Steuern auf Immobilien ................................ 177
   11.7 Steuern auf Vermögen im Ausland ....................... 178
   11.8 Wann Rentner eine Steuererklärung abgeben müssen ...... 179

**12 RICHTIG VERERBEN** ..................................... **183**
   12.1 Rechtliche Ausgangslage bei Schenkung und Erbe ......... 183
   12.2 Vererbung der Riester-, Basis- und Betriebsrente .......... 185
   12.3 Das Testament – ein kurzer Überblick ................... 187
   12.4 Der Erbvertrag als Alternative zum Testament ............ 189
   12.5 Enterben – geht das? ................................... 190
   12.6 Das Dringendste für Hinterbliebene im Todesfall .......... 191
   12.7 Digitale Erbschaft – was tun? ........................... 193

**ANHANG** ..................................................**195**

**INDEX** ................................................... **201**

# 1 Kassensturz

Die privaten Haushalte in Deutschland sind heute so vermögend wie nie zuvor. Allein an Geldvermögen kommen trotz Finanzkrise über € 3 540 Milliarden zusammen, ergab 2012 eine Studie der Boston Consulting Group. Privathaushalte legen im Schnitt rund € 3 120,– im Jahr auf die hohe Kante, also € 260,– im Monat. Derzeit verfügt jeder Deutsche über € 38 521,– Nettogeldvermögen, also abzüglich aller Schulden, weist der Global Wealth Report der Allianz-Versicherung aus. Dennoch existieren in vielen Familien erhebliche Lücken für die finanzielle Planung des Ruhestandes.

## 1.1 Ihr aktuelles Vermögen und die Schulden

Es zeigt sich: Die Generation der 35- bis 54-Jährigen bildet überdurchschnittlich viel Rücklagen. Sie macht zwar nur 35 % aller Haushalte aus, trägt aber zu 50 % an der gesamten Ersparnisbildung bei, ergab eine Untersuchung der Deutschen Bundesbank schon vor zehn Jahren. Dabei hat sich die Struktur der Geldvermögen privater Haushalte in Deutschland in den letzten 20 Jahren dramatisch verändert. Die Sparer sehen stärker auf die Rendite; aus Sparern werden damit sprichwörtlich Anleger, die Fonds und Wertpapiere für sich entdeckt haben. Dabei überwiegen zwar noch einfache Anlageformen wie Sparbuch, Bargeld sowie Girokonto und Termingeld, doch Versicherungssparen, Investmentfonds und Wertpapiere haben gegenüber früher stark aufgeholt.

**Wo das Bruttogeldvermögen lagert**

| Anlageform | Jahr (Angaben in %) | | |
|---|---|---|---|
| | 2005 | 2008 | 2009 |
| Banken-Angebote | 35,7 | 39,5 | 38,3 |
| Versicherungen | 26,7 | 28,6 | 28,2 |
| Wertpapiere | 32,5 | 26,0 | 27,7 |
| Sonstige | 5,1 | 5,9 | 5,8 |

Quelle: Deutsche Bundesbank; Allianz Global Investors (AGI); Stand: 2010

# 1 | Kassensturz

Eine Studie des Deutschen Instituts für Altersvorsorge (DIA) hat ergeben, dass über 80 % der Haushalte über positives Vermögen verfügen. 82 % davon gaben nennenswertes Vermögen an – im Schnitt aber eben nur € 38 000,– Finanzvermögen. Dabei zeigt sich: Je nach Alter ist die Fähigkeit zum Sparen sehr unterschiedlich ausgeprägt.

**Wie in welchem Alter gespart wird**

| Sparfähigkeit | Alter (Angaben in %) | | |
|---|---|---|---|
| | unter 30 | 30 – 59 | ab 60 |
| Am Monatsende ist immer reichlich Geld übrig. | 9,7 | 13,2 | 14,5 |
| Am Monatsende ist oft etwas Geld übrig. | 47,2 | 45,0 | 58,0 |
| Es bleibt nur etwas Geld bei einmaligen zusätzlichen Einkünften übrig. | 14,3 | 17,8 | 10,8 |
| Am Monatsende hat es öfter nicht gereicht. | 23,1 | 19,5 | 12,9 |
| Am Monatsende hat das Geld nie gereicht. | 5,8 | 4,5 | 3,8 |

Quelle: DIA

In der DIA-Studie war herausgekommen, dass die Jahrgänge zwischen 50 und 65 das höchste Geldvermögen besitzen. So kommen 55- bis 59-Jährige im Schnitt auf € 53 690,– Geldvermögen (samt Rückkaufswerten für Kapital-Versicherungen). Es folgen die 60- bis 64-Jährigen mit knapp € 50 000,– Geldvermögen und dann die 50- bis 54-Jährigen mit reichlich € 48 000,–. Letztere Altersgruppe spart am meisten von allen Altersgruppen in Deutschland (13 % Sparquote).

Wo Licht (Vermögen) ist, ist auch Schatten (Schulden). In der Tat sind wir Deutsche im Schnitt nicht nur vermögend – zwei Drittel aller bundesdeutschen Haushalte drücken Schulden. Vor allem deren Höhe ist rasant gestiegen. Waren es vor 40 Jahren kaum nennenswerte DM 3,60 pro Kopf, so steht der Durchschnittsbürger heute im Jahr schon mit über € 5 700,– in der Kreide. Insgesamt haben die Schulden der Privathaushalte bereits die Billionengrenze überschritten. Die Deutsche Bundesbank registrierte dabei drei Trends:

- Zugenommen haben langfristige Kreditfinanzierungen.
- Zugenommen hat auch der Anteil überschuldeter Haushalte.
- Konstant geblieben ist der durchschnittliche Verschuldungsgrad.

Der durchschnittliche Verschuldungsgrad, also das Verhältnis der gesamten Schulden zum Geldvermögen aller Haushalte, blieb mit rund 34 % in den letzten 20 Jahren praktisch unverändert. Der Großteil der Verbindlichkeiten privater Haushalte entfällt auf Baudarlehen, die durch Immobilienvermögen gesichert sind. Hier haben sich rund drei Viertel aller Schulden aufgetürmt.

Schulden sind zunächst kein Makel, sondern gehören insbesondere bei Investitionen (Hausbau; Selbstständigkeit) dazu. Günstig ist es, die Entschuldung auf die weiteren Lebensziele abzustimmen. Wer etwa im Alter von 50 Jahren den Kassensturz macht, sollte sein Augenmerk darauf richten, möglichst den größten Teil des Schuldenberges bis 60 abzutragen.

**Tipp:** Ideal ist es, zum beruflichen Ausstieg, also zu Beginn des Ruhestandes, komplett schuldenfrei zu sein, da sonst ein Teil der Liquidität nicht zum Konsum verfügbar ist, sondern für den Schuldendienst verbraucht wird. Wer hier nicht halbwegs sicher plant, gefährdet seinen finanziellen Spielraum im Alter. Motivieren Sie sich zu rigoroser Entschuldung spätestens ab Mitte 50 mit der Frage: Will ich nach dem beruflichen Ausstieg Abstriche am gewünschten Lebensstandard für längst abgeschriebene Investitionen zulassen, die immer noch Geld kosten?

# 1 | Kassensturz

## 1.2 Der künftige Bedarf

Ausgangspunkt für die Höhe der privaten Vorsorge sollte immer Ihr individueller Kapitalbedarf zu Beginn des Rentenalters sein. Aber da beginnen schon die Probleme. Ab wann darf man eigentlich in der Regel in Altersrente gehen? Antwort: wenn die Regelaltersrente erreicht ist. Doch da beginnen sich gerade die Grenzen zu verschieben. Seit 2012 wird das Rentenalter schrittweise von 65 auf 67 Jahre erhöht (siehe hierzu Kapitel 2). Allerdings will die Große Koalition ab 2014 eine halbe Rolle rückwärts machen. Statt durchgängiger Rente mit 67 hat die SPD ab Juli 2014 eine »Rente ab 63« ohne Abschläge für bestimmte Leute durchgesetzt. Sie gilt für langjährig Versicherte, die 45 Beitragsjahre – einschließlich Zeiten der Arbeitslosigkeit – vorweisen können. Langfristig soll diese Vergünstigung jedoch bis 2030 auf das Alter 65 angehoben werden – parallel zu den Übergangsfristen für die Rente mit 67. Es wird also in Zukunft nicht leichter, den Start in den Ruhestand zu bestimmen.

Gesetzt den Fall, Sie brauchen ab 65 neben der gesetzlichen Altersrente bzw. Beamtenpension jeden Monat € 500,– netto, entsteht bis zum Tod (Lebenserwartung grob 20 Jahre geschätzt) ein Geldbedarf von € 120 000,– (€ 500,– × 12 Monate × 20 Jahre). Um zu berechnen, wie viel Kapital Sie bis zum 65. Geburtstag auf der hohen Kante haben sollten, sind zunächst zwei Vorgaben wichtig:

- Wie viel Jahre verbleiben zum Ansparen bis Rentenbeginn?

- Wie hoch soll sich das Kapital – inflationsbereinigt und nach Abzug der Abgeltungsteuer – vermehren?

Um € 120 000,– Vermögen aufzubauen, können Sie hier das Sparziel für drei unterschiedliche Rendite-Zahlen ablesen.

# Kassensturz | 1

## Jährliches Sparziel ablesen

| Verbleibende Arbeitsjahre | Kapitalertrag[1] von jährlich | | |
|---|---|---|---|
| | 4 % | 6 % | 8 % |
| 5 | 0,178 | 0,167 | 0,158 |
| 10 | 0,080 | 0,072 | 0,064 |
| 15 | 0,048 | 0,041 | 0,034 |
| 20 | 0,032 | 0,026 | 0,020 |
| 25 | 0,023 | 0,017 | 0,013 |
| 30 | 0,017 | 0,012 | 0,008 |
| 35 | 0,013 | 0,008 | 0,005 |
| 40 | 0,010 | 0,006 | 0,004 |

1) Inflationsbereinigt; Abgeltungssteuer nicht berücksichtigt.

**Tipp:** Mit 42 haben viele noch 25 Jahre bis zur Altersrente Zeit. Unter der Voraussetzung, dass Ihre Kapitalanlagen inflationsbereinigt 4 % Rendite pro Jahr einbringen, lautet die Rechnung: € 120 000,– × 0,023 = € 2 760,– pro Jahr. Dies entspricht € 230,– pro Monat an nötiger Sparleistung. Das hört sich schlimmer an, als es ist. Die meisten beginnen ja im Alter von 42 Jahren nicht bei null mit ihren Ersparnissen, sondern haben zumeist schon einiges Kapital auf der hohen Kante. Suchen Sie bald passende Anlageformen, Versicherungen oder gegebenenfalls eine Immobilie und beginnen Sie mit zusätzlicher Vorsorge.

## 1.3 Die künftigen Einkünfte

Ausgangspunkt ist wiederum die gesetzliche Altersrente – für einen Durchschnittsverdiener mit 45 Arbeitsjahren also rund € 1 000,– pro Monat. Im Schnitt verdient ein Rentner-Haushalt im Jahr 2012 über € 1 900,– pro Monat, hat das Deutsche Institut für Altersvorsorge ausgerechnet, Tendenz sinkend. Gründe: Rentenkürzungen, steigende Gesundheitskosten und Inflation.

# 1 | Kassensturz

Wer zeitig genug mit der Vorsorge beginnt, kann beim Sinkflug der Versorgung gegensteuern: Um es mit 65 zum Millionär zu bringen, muss ein 35-Jähriger jeden Monat € 2 054,– aufs Konto (bei 2 % Zins) bringen. In einen sehr guten Aktienfonds (10 % Rendite) müsste er nicht einmal ein Viertel einzahlen, sofern die Börse mit 65 nicht gerade einen Crash hinlegt. Nach dem kompletten Berufsausstieg sind die Einnahmequellen dann leider sehr überschaubar – von Zufällen wie Lottogewinn und Erbschaft abgesehen.

**Einkommensquellen zu Beginn des Ruhestandes**

| Quelle | Häufige Höhe (in Euro)[1] | Meine Höhe (in Euro) |
|---|---|---|
| Ersparnisse | 40 000,– | |
| Zinsen, Dividenden, Ausschüttungen | 100,– | |
| lastenfreies Eigenheim | 500,–[2] | |
| Einnahmen aus vermieteter Wohnung | 500,– | |
| Gesetzliche Altersrente | 1 000,– | |
| zusätzliche Pensionen | 0,– | |
| Witwen-/ Witwer-Rente | 400,– | |
| Ablaufleistung Kapital-Versicherung | 30 000,– | |
| Private Altersrente | 100,– | |
| Riester-Rente | 100,– | |
| Betriebsrente | 130,– | |
| Teilzeitarbeit ab 65 bzw. 67 | 450,– | |
| Sonstiges | 50,– | |
| **Einnahmen (gesamt pro Monat)** | **1 400,–** | |

1) Stand: 2013
2) Kaltmiete-Ersparnis

Natürlich kann die mittlere Spalte bei vielen Lesern ganz anders aussehen. Daher sollten Sie die rechte Spalte nutzen, Ihre persönlichen Einkommensquellen einzutragen, die ungefähr zu Beginn des Ruhestandes zu erwarten sind. Danach sehen Sie, in welcher Art und Weise Sie Ihre Vorsorge noch optimieren müssen.

## 1.4 Künftige Einnahmen und Ausgaben ins Verhältnis setzen

Laufende Einnahmen und Ausgaben ins Verhältnis zu setzen und mit dem Ergebnis zu »überleben«, schaffen die meisten Deutschen. Schwieriger wird es, dies für längere Zeit im Voraus zu bewältigen, weil dazu unterschiedliche Zahlungsströme miteinander verglichen werden müssen, was höhere Mathematik oder einen neutralen Berater verlangt. Bei der Altersvorsorge und demzufolge auch der Ruhestandsplanung geht es genau um diesen Blick in die Zukunft. Wer seine Einnahmen im Alter betrachtet und auf mögliche Lücken abklopft, muss die ungefähr zu erwartende Altersrente bzw. Pension kapitalisieren, um zu richtigen Ergebnissen zu kommen.

**Beispiel:** So wird das Ruhegeld kapitalisiert: Wer 66 Jahre alt ist und immer gut verdient hat, könnte einen lebenslangen Versorgungsanspruch von € 2 000,– pro Monat besitzen. Dann hat er € 371 000,– auf dem Konto. Dahinter verbirgt sich die Kalkulation, dass der Anleger noch 22 Jahre leben wird und die Zahlungen mit 3,5 % auf die Gegenwart abgezinst werden.

Übrigens: Die Abzinsung laufender Zahlungen unterstellt den Verzehr des Kapitals. Im vorliegenden Fall müssen die Renten, wenn die Sterbetafeln der deutschen Aktuare stimmen, noch 264 Monate, also 22 Jahre bezahlt werden. Danach ist die Sache zu Ende und das Konto steht auf null – da gesetzliche Altersrenten und Pensionen nicht wie Bargeld vererbt werden können.

Im Alltag stellt sich der Bedarf der Barwertbetrachtung schon viel früher als kurz vor Rentenbeginn. Ein typisches Beispiel: Was macht eine junge Mutter (25) mit Kleinkind, wenn der Vater, vorläufig der einzige Ernährer der Familie, ums Leben kommt? Einfache Antwort: Die Familie schließt auf das Leben des Ernährers eine Risiko-Lebensversicherung ab. Doch wie hoch ist die passende Versicherungssumme? Nicht ganz so einfache Antwort: Das hängt davon ab, wie viel Geld jeden Monat durch den kompletten Ausfall des Ernährer-

Einkommens benötigt wird. Zudem ist die Frage zu klären, wie lange das Geld fließen soll. Außerdem sind Prognosen über die Höhe der Geldentwertung und den Anlagezins für die Versicherung zu treffen.

**Beispiel:** Wenn eine Frau (25) nach der geplanten Geburt mehrerer Kinder ab 30 nicht mehr berufstätig sein kann, ist das Einkommen des Partners die wichtigste Vermögensquelle. Falls er stirbt, würde sie bis an ihr Lebensende einen finanziellen Albtraum erleben. Wenn die Frau in fünf Jahren, also ab 30, dann monatlich € 2 000,- benötigt, die 50 Jahre fließen und jedes Jahr um 2 % steigen sollen, gilt bei einem Anlagezins für die Police von 2 % ein Vervielfältiger von 537,65 (siehe Tabelle). Der benötigte Monatsbetrag von € 2 000,- muss also mit 537,65 multipliziert werden. Folglich benötigt die Familie eine Risiko-Lebensversicherung mit einer Todesfallsumme von € 1,075 Millionen.

**Barwerte[1] für nachschüssige Monatsraten und vollständigen Kapitalverzehr**

| Anlage- bzw. Darlehenszins (in %) | Vervielfältiger bei Laufzeit (in Jahren) | | | |
|---|---|---|---|---|
| | 10 | 20 | 30 | 50 |
| 1,0 | 118,76 | 249,81 | 394,44 | 730,16 |
| 2,0 | 107,53 | 215,05 | 322,59 | 537,65 |
| 3,0 | 97,54 | 186,00 | 266,25 | 405,06 |
| 3,5 | 88,62 | 161,60 | 221,70 | 311,96 |
| 4,0 | 80,66 | 141,02 | 186,19 | 245,30 |

Quelle: Finanzanalytiker Volker Looman
1) Beginn der Auszahlung nach fünf Jahren; jährliche Dynamik der Zahlung von 2 %

Eine Million sind für die meisten Menschen eine kaum fassbare Summe. Doch sie ist nötig und auch erreichbar: durch eine Risiko-Lebensversicherung von genau dieser Höhe an garantierter Versicherungssumme. Und diese Police ist bezahlbar: Ein Kunde (30), der bis zum 66. Geburtstag diese Summe absichern will, zahlt bei preiswerten Direktversicherern rund € 1 550,- Jahresbeitrag oder € 130,- pro Monat.

Die Barwertbetrachtung macht gewünschte oder notwendige Beträge in der Gegenwart vergleichbar. Wichtig sind dabei möglichst realistische Annahmen. Im Fall beider Beispiele sind das vier Annahmen. Erstens: Der Zinssatz des Rentenplans beträgt 2 % vor Steuern. Zweitens: Die erste Zahlung beträgt € 2 000,-. Drittens: Die Bezüge steigen jedes Jahr um 2 %. Viertens: Nach 50 Jahren ist der Topf leer.

Das Beispiel zeigt: Die Betrachtung von Einnahmen und Ausgaben in die Zukunft hinein erfordert mehr als eine Auflistung von aktuellem Soll und Haben in Euro und Cent und schließt auch die Bewertung der Arbeitskraft (Einkommen) und Versorgungsansprüche im Alter (auch aus Lebensversicherungen und Betriebsrenten) ein. Um von diesem Kuchen im Alter überhaupt große Stücke abzubekommen, ist solide Finanzplanung nötig, denn begrenztes Einkommen und tendenziell erhöhte Lebenshaltungskosten zwingen immer mehr Haushalte zu einem regelrechten Spagat zwischen Konsum und Vorsorge. Daher ist Disziplin zur regelmäßigen Vorsorge der wichtigste Punkt jeder finanziellen Planung für den Ruhestand.

## 1.5 Die Versorgungslücke erkennen und berechnen

Wer im Alter die Beine hochlegen will, sollte rechtzeitig die Ärmel aufkrempeln. Für immer mehr Deutsche wird der Ruhestand dank steigender Lebenserwartung rund 20 Jahre und mehr dauern. Die persönliche Bestandsaufnahme zeigt, wie hoch die Versorgungslücke zwischen künftigen Einnahmen (Altersrente bzw. Pension) und späterem Bedarf (Lebenshaltung) ausfällt, die privat aufgefüllt werden muss.

# 1 | Kassensturz

## So ermitteln Sie Ihre Versorgungslücke

| Einnahmen / Ausgaben | Wert (in Euro) |
|---|---|
| Gesetzliche Rente (aktuelle Renteninformation) | |
| + Riester-Rente (aktueller Kontoauszug) | |
| + Auszahlung Basisrente (aktueller Kontoauszug) | |
| + Betriebsrente (aktueller Kontoauszug vom Chef) | |
| + Auszahlung Lebensversicherung (Monatsrente ausrechnen lassen) | |
| + Auszahlung Privatrente (aktueller Kontoauszug) | |
| + Einnahmen aus Miete / Pacht (1/12 vom Jahr) | |
| + Spar-Zinsen (1/12 vom Jahreszins) | |
| + sonstige Vermögenswerte (Monatsbasis) | |
| = **Einnahmen zu Beginn des Rentenalters** | |
| ./. aktuelles, letztes Netto-Einkommen | |
| = **Lücke oder Überschuss gegenüber Gehalt** | |
| ./. Alltagsausgaben | |
| ./. Miete | |
| ./. Kranken- und Pflegeversicherung (Monatsbeitrag) | |
| ./. Lebenshaltung (Monatsausgaben) | |
| ./. Auto; andere Verkehrsmittel | |
| ./. Urlaub; Hobbys (auf Monat umgerechnet) | |
| ./. sonstige Verpflichtungen (z. B. Unterhalt) | |
| ./. Schulden (monatliche Belastung) | |
| = **Monatseinkommen (vor Steuern)** | |
| ./. Steuern | |
| = **Monatseinkommen (nach Steuern)** | |
| ./. Inflation (0,16 % pro Monat) | |

Wer beim Aufwiegen von Plus und Minus in seiner persönlichen Bestandsaufnahme mit deutlichen Einbußen gegenüber seinem jetzigen Nettoverdienst dasteht, sollte die Anstrengungen für private Vorsorge erhöhen. Die Versorgungslücke, also die Differenz zwischen gesetzlicher Altersrente und tatsächlich benötigtem Alterseinkommen, lässt sich relativ leicht bestimmen, wenn man eine feste

Größe vom letzten Bruttoeinkommen zugrunde legt. Wer sich im Alter mit 70 % vom letzten Bruttoeinkommen vor der Rente zufriedengibt, muss nach aktuellem Rechtsstand je nach Einkommen mit wenigstens € 250,–, häufig aber mit € 500,– oder noch größerer monatlicher Versorgungslücke rechnen.

Die durchschnittliche Rate deutscher Sparer liegt bei € 183,– pro Monat. Mehr ist wohl für die Altersvorsorge in vielen Familien nicht drin. Kein Wunder: Das Ziel, eine ordentliche Altersvorsorge aufzubauen, konkurriert mit mehreren anderen Lebenszielen, die zeitlich früher erfüllt werden wollen und ja auch bezahlt werden müssen. Wer besagte € 183,– pro Monat über 40 Jahre hinweg zu 3 % Rendite jährlich anspart, wird am Ende auf € 168 000,– kommen.

Eine neuere Untersuchung der Ruhr-Universität Bochum von 2013 zeigt eine größere Versorgungslücke als bisher angenommen. Befragt wurden 20 000 Menschen in rund 11 000 Haushalten, die zwischen 1992 und 2011 in Rente gingen. Mittels ökonometrischer Methoden wurde deren Zufriedenheit mit ihrem Einkommen zwischen Renteneintritt und dem 75. Lebensjahr ermittelt und daraus diejenige Rentenersatzquote abgeleitet, bei der die Zufriedenheit unverändert bleibt. Ergebnis: Konkret fehlen einem Standardrentner mit € 1 000,– Monatsrente bei lückenloser Erwerbsbiografie künftig jeden Monat € 650,– netto in der Tasche – € 350,– mehr als bislang gedacht. Damit erreicht die Rente für Durchschnittsverdiener nur ein Niveau von 55,2 % des letzten Nettoeinkommens. Beim Standardrentner wurde der durchschnittliche Bruttoverdienst von aktuell rund € 34 000,– zugrunde gelegt. Folge: Je nach Vermögen sind noch höhere Sparleistungen als bisher angenommen erforderlich. Mit anderen Worten: Tatsächlich müssen die Bürger im Schnitt bei Eintritt ins Rentenalter rund 87 % ihres letzten Nettoeinkommens für einen auskömmlichen Lebensabend erzielen.

## 1.6 Vorsorge auf den Bedarf ausrichten

Da die meisten dies mit ihrer gesetzlichen Altersrente nicht schaffen (siehe hierzu Kapitel 2), bleibt nur zusätzliche Vorsorge.

**Tipp:** Folgt man der Annahme der Ruhr-Universität, braucht ein Durchschnittsverdiener jeden Monat zusätzlich € 650,– zur Rente. Auf die statistische Lebenserwartung hochgerechnet benötigt er also rund € 129 000,–, wenn sich das Geld im Rentenalter über 20 Jahre mit 2 % weiterhin verzinst. Fängt er im Alter von 46 Jahren bei null mit dem Sparen an, sind für diesen Betrag € 392,80 pro Monat nötig, falls sich das Geld mit 3 % pro Jahr verzinst.

Dieser Betrag zeigt schon, dass die zusätzliche Wunschrente nur durch systematische, disziplinierte Anlage erreicht werden kann. Um Ihren individuellen Bedarf zu treffen, können Sie einen kostenlosen Vorsorgerechner der Stiftung Warentest im Internet nutzen (www.test.de; dann unter »Suche« das Stichwort »Vorsorgerechner« eingeben). Da bekommt jeder vor Augen geführt, wie viel Geld ihm im Ruhestand am gewünschten Bedarf noch fehlt. Dabei zeigt sich: Zeit ist bares Geld. Denn je eher mit der Vorsorge begonnen wird, desto ruhiger und mit geringeren Beträgen lässt sich dies erfolgreich bewerkstelligen.

In jedem Falle sollte das Geld ab 65 verfügbar sein und mindestens 20 Jahre reichen. Besser wäre es, wenn die Zusatzrente sogar 25 Jahre reicht, da die Lebenserwartung weiter steigt. Je nach persönlicher Risikoneigung kann der gewünschte Finanzbedarf im Alter auf unterschiedlichen Wegen und mit unterschiedlichen Renditen erreicht werden. An dieser Stelle einige Richtwerte für verschiedene Altersgruppen, um es zum Rentenstart auf € 500,– bis € 1 250,– Zusatzrente pro Monat zu schaffen:

## So viel muss für die Zusatzrente angespart werden

| Alter bei Sparbeginn[1] | Nötige Sparrate (in Euro) für folgende monatliche Zusatzrente[2] | | | |
|---|---|---|---|---|
| | 500,– | 750,– | 1 000,– | 1 250,– |
| 30 Jahre | 123,03 | 184,55 | 246,06 | 307,58 |
| 35 Jahre | 156,36 | 234,54 | 312,71 | 390,89 |
| 40 Jahre | 204,03 | 306,04 | 408,06 | 510,07 |
| 45 Jahre | 276,84 | 415,26 | 553,68 | 692,09 |
| 50 Jahre | 399,96 | 599,93 | 799,91 | 999,89 |
| 55 Jahre | 648,88 | 973,33 | 1 297,77 | 1 622,21 |

Quelle: Vorsorgerechner Stiftung Warentest
1) Rentenbeginn generell ab 65 unterstellt (Abzüge unberücksichtigt).
2) Bei 3 % Zins nach Abgeltungssteuer; Inflation nicht berücksichtigt.

Der Finanzbedarf kann sich im Laufe des Lebens auch ändern. Eine Scheidung zum Beispiel gefährdet die finanzielle Versorgung im Alter. Knapp 50 % der Ehen halten nicht bis ins Rentenalter. Dies ist mit Einbußen auf beiden Seiten verbunden – falls kein Ehevertrag vorliegt –, häufig auch mit dem Notverkauf des Eigenheims, das meist als fester Bestandteil der Altersvorsorge angeschafft worden war und mietfreies Wohnen im Alter sichern sollte. Zudem schmälern Unterhaltsansprüche des einen Ex-Partners die weitere Vorsorge auf dem Weg in den Ruhestand. Bei den Ansprüchen auf gesetzliche Altersrente kommt es in aller Regel zu einer genauen Angleichung, da alle Rentenanwartschaften aus der Ehezeit je zur Hälfte an beide Ex-Gatten aufgeteilt werden (Versorgungsausgleich). Eine Korrektur der Vermögensplanung bei einer Trennung jenseits der 50 ist wegen eingeschränkter Mittel kaum möglich. Bis zum Rentenbeginn sind es ja dann höchstens noch rund 15 Jahre. Es gilt also, das vorhandene Geld möglichst sicher mit optimaler Rendite anzulegen. Für nicht absehbare Situationen, in denen das Geld oder ein Teil davon gebraucht wird, muss das Ersparte kurzfristig zur Verfügung stehen.

Neben der Scheidung kann insbesondere Erwerbsunfähigkeit die finanzielle Versorgung im Alter gefährden. Denn wer auf Dauer nicht mehr berufstätig sein kann, dessen Einkommen fällt auf Dauer weg.

# 1 | Kassensturz

Da jeder fünfte Arbeitnehmer in Deutschland aus gesundheitlichen Gründen vorzeitig aus dem Berufsleben ausscheiden muss, braucht jeder zusätzlich eine private Berufsunfähigkeits-Versicherung. Diese Risikovorsorge gehört zwingend zur verlässlichen Finanzplanung für den Ruhestand, da die gesetzliche Erwerbsminderungsrente allenfalls das Existenzminimum abdeckt.

Das Vorsorgeziel kann auch durch den frühen Tod des Partners gefährdet werden. Auch hier fehlt lebenslang das bisherige Einkommen des Verstorbenen. Zum Glück steht er nicht mit leeren Händen da, wenn der Verstorbene Mitglied der gesetzlichen Rentenversicherung war (siehe hierzu Kapitel 2).

## 1.7 Was ein persönlicher Finanzplan bringt

Die soeben angestellten Überlegungen und Berechnungen sind Teil der Finanzplanung. Ihr persönlicher Finanzplan sollte jedoch weiter reichen: Er umfasst nicht nur Lebensziele, Analyse des Vermögensstandes, Einkommensentwicklung und Vermögensbildung, sondern auch Absicherung aller Ziele und Maßnahmen durch Risikovorsorge, etwa für den Fall der Berufsunfähigkeit oder den Tod des Partners. Eine Versicherung gegen Scheidungsfolgen gibt es leider nicht.

Den nötigen finanziellen Spielraum für finanziell unabhängigen Ruhestand verschaffen Sie sich durch weitsichtige Finanzplanung und gut strukturierte Vermögensbildung. Nach der individuellen Risikoneigung richten sich die einzelnen Anlageformen, die bei der Finanzplanung optimiert werden sollen. Massive Sicherheitsbetonung bringt in aller Regel zu wenig Vermögen; daher sollte auch in höherem Alter ein Teil des Vermögens mit höherem Risiko eingesetzt werden – trotz der dringend nötigen Umsicht, wie die globale Finanzkrise 2008/2009 Anlegern schmerzlich bewusst gemacht hat. An den Spätfolgen mit sehr niedrigen Anlagezinsen leiden Vorsorgesparer noch heute und wohl auch in den kommenden Jahren. Dennoch: Reine Spekulationsbetonung wäre in jedem Falle Gift, weil sie womöglich das Altersvorsorgeergebnis gefährdet. Zudem sollten

Puffer eingebaut werden, die auch eine unerwartet frühe Verfügbarkeit größerer Beträge ermöglichen, zum Beispiel für den Pflegefall. Finanzplaner leuchten auch den steuerlichen Hintergrund aus und berücksichtigen die Inflation.

Gebraucht wird ein seriöser Finanzplan für die Zeit ab dem 65. Geburtstag auf Basis der wichtigsten Daten von heute – mit hochgerechneter Rendite aller Finanzanlagen, Struktur und Risikovorsorge. Erst der Plan, also die Fortschreibung des Ist-Zustandes in die Zukunft, zeigt, ob das Ziel realistisch angesteuert wird und welche Anlageergebnisse dazu nötig sind. Dabei können auch wieder Online-Vergleichsrechner helfen, die zumeist auch die Inflation berücksichtigen. In wenigen Schritten kann jeder so sein eigener Vermögensmanager werden.

**Fünf Schritte zum Vermögensmanager**

| Schritt | Inhalt / Aktivität |
|---|---|
| 1. Schritt | Erfassung aller bestehenden Finanzobjekte wie Privathaushalt, Geldanlagen, Versicherungen, Schulden, Immobilien. |
| 2. Schritt | Aufstellung des vollständigen Finanzplans. |
| 3. Schritt | Der Finanzstatus wird erstellt und mithilfe objektiver Kennzahlen bewertet (mithilfe der Verbraucherzentrale). |
| 4. Schritt | In Simulationen wird ein Anlage-Mix entwickelt, der den individuellen Wünschen und Zielen so nahe wie möglich kommt. |
| 5. Schritt | Die Strategie wird umgesetzt und mit eiserner Disziplin so lange wie möglich durchgehalten. |

## 1.8 So werden die Lücken sinnvoll gefüllt

Wenn dieser Fahrplan halbwegs feststeht, kann es an die eigentliche Finanzplanung gehen, zu der letztlich dann auch die Auswahl der passenden Anlageprodukte zählt. Nicht einzelne Produkte, sondern die Altersvorsorge als Ziel sollte im Blickpunkt stehen. Ausgehend von den gesamten laufenden Kosten wie Miete, Betriebskosten, Haushaltsbudget, Versicherungen und Kreditraten sollte jeder prüfen, welche persönlichen Ansprüche er im Ruhestand hat. Als groben

Richtwert empfehlen Experten 70 % bis 90 % des letzten Nettoeinkommens. Davon fehlen zu Rentenbeginn häufig zwischen € 200,– und € 1 000,– pro Monat. Um die Lücken sinnvoll zu füllen, ist eine spezielle Altersvorsorgeplanung sinnvoll, die jedoch in Deutschland bislang kaum angeboten wird – auch weil die Ergebnisse tatsächlich unabhängig nur zu haben sind, wenn die Beratung gegen Honorar erfolgt.

**Beispiel:** Ein Durchschnittsverdiener (35 Jahre alt), der € 3 500,– brutto und damit rund € 2 000,– netto verdient (verheiratet; ein Kind), will bereits mit 65 Jahren in Altersrente gehen und zum Rentenstart ebenfalls € 2 000,– netto zur Verfügung haben.
Bei nur 2 % Inflation pro Jahr verwandeln sich die gewünschten € 2 000,– von heute 30 Jahre später in € 3 621,–! Tatsächlich kann der Mann nur mit € 1 508,– Altersrente rechnen (0,5 % Dynamik unterstellt), die voll zu versteuern ist. Zudem sorgt er mit einer Privatrente vor, die knapp € 1 200,– pro Monat abwerfen soll (davon sind 18 % steuerpflichtig). Macht zusammen rund € 2 700,– Alterseinkommen pro Monat, von dem nach Steuern und Kranken- sowie Pflegeversicherung etwa € 2 540,– netto bleiben. Wegen der Inflation besteht eine monatliche Versorgungslücke von € 1 081,–.

Um diese Lücke zu füllen, müssten bis zum Rentenbeginn durch zusätzliche Geldanlage € 375 000,– aufgebracht werden. Mit der Rendite von Bundesanleihen ist dies nicht zu schaffen. Ausweg: Mit relativ riskanten Aktienfonds und 5 % Rendite als Ziel braucht man dazu entweder eine Einmalanlage von gut € 87 000,– oder aber eine monatliche Sparrate von anfänglich € 341,–, die jedes Jahr um 2 % ansteigt, also dynamisiert wird. Sinnvoll für die meisten Angestellten ist das Bruttosparen, also die Vorsorge über Betriebsrente, Basisrente und Riester-Sparen (siehe hierzu Kapitel 3).

**Tipp:** Es gibt einige Faustregeln, mit deren Hilfe Normalverbraucher ihrem optimalen Anlage-Mix nahe kommen. Dazu gehört:

- Nicht alles Geld auf eine Karte setzen, sondern mehrere Eisen im Feuer behalten, also die Vorsorge auf mehrere Formen streuen.
- Den Anlage-Mix von Zeit zu Zeit überprüfen, besonders dann, wenn die Laufzeit von Geldanlagen sich ihrem Ende zuneigt oder ein Trend bei der Zinsentwicklung zu Ende zu gehen scheint.
- Auf solidem finanziellem Fundament auch mal ein höheres Risiko probieren, etwa durch Aktienfonds.

## 2 Was die gesetzliche Rente bietet

Grundpfeiler der Alterssicherung war und ist die gesetzliche Rente. Sie geht auf Bismarcks Kaiserliche Botschaft zur Einführung einer Sozialversicherung in Deutschland 1881 zurück. Damit wurden die arbeitenden Menschen nach und nach gegen die schlimmsten Wechselfälle des Berufslebens geschützt. 1889 schlug mit dem Invaliditäts- und Alterssicherungsgesetz die Geburtsstunde der Rentenversicherungspflicht für Arbeitnehmer.

Daran hat sich bis heute im Prinzip nichts geändert: Altersrente steht jedem Bürger zu, der während seines Berufslebens Beiträge in die Kassen seines Rentenversicherungsträgers eingezahlt hat – entweder pflichtgemäß (alle Arbeitnehmer; wenige Selbstständige) oder freiwillig (die meisten Selbstständigen). Altersrente gibt es frühestens ab dem 60. Geburtstag, meist ab 65 und zunehmend erst ab 67. Voraussetzung: Sie sind mindestens fünf Jahre versichert gewesen.

### 2.1 Altersrente schmilzt zur Grundversorgung

Altersrente stellt für die Mehrzahl der Bürger die wichtigste Säule ihrer Altersvorsorge dar – neben Betriebsrenten, Pensionen, Renten aus berufsständischen Versorgungswerken, Riester- und Basisrenten sowie sonstiger privater Vorsorge (private Versicherungen, Ersparnisse, Immobilien). Die jeweilige Höhe richtet sich ganz nach dem individuellen Arbeitsleben und erreicht in günstigen Fällen bestenfalls 65 % des letzten Nettoeinkommens, ab 2030 garantiert die Bundesregierung aber nur noch 43 %.

Hintergrund: Die Altersversorgung ist eine politische Dauerbaustelle. Die gesetzliche Rente wird im Umlageverfahren finanziert, sodass der Bevölkerungsrückgang und die steigende Lebenserwartung ebenso direkt negativ auf diesen Zweig der Sozialversicherung durchschlagen wie eine hohe Arbeitslosigkeit. Daher gibt es in regelmäßigen Abständen Rentenreformen, die jedoch das Hauptproblem nicht gelöst haben: Die Träger der Sozialversicherung haben für die

## 2 | Was die gesetzliche Rente bietet

Kapitalanlage der Einnahmen nur wenig Zeit. Durch das Umlageverfahren wird das Geld meist kurzfristig wieder ausgegeben, kann also auch nur sehr kurzfristig als Termingeld angelegt werden. Da zudem immer weniger jüngere Beitragszahler nachwachsen, muss das Geld für immer mehr Ältere eingesetzt werden. Folge: Die Höhe schmilzt.

Zudem müssen immer mehr Rentner Steuern bezahlen – durch die sogenannte nachgelagerte Besteuerung (siehe hierzu Kapitel 11). Das Alterseinkünftegesetz von 2005 hat die frühere Systematik verändert: Alterseinkünfte sollen generell voll steuerpflichtig sein, während Einzahlungen in die Altersvorsorge zunehmend steuerfrei gestellt werden. Dabei gibt es jedoch bis 2040 Übergangsregelungen. Steuerliche Förderung sowie staatliche Zulagen begünstigen eine zusätzliche Altersvorsorge über die gesetzliche Rente hinaus. Dadurch ergeben sich drei unterschiedlich behandelte Vorsorgeschichten, wobei die gesetzliche Rente zur Grundversorgung und damit zur ersten Schicht gehört. Förderung genießen vor allem die erste und zweite Schicht.

### 3-Schichten-Modell der Altersvorsorge in Deutschland

| Vorsorgeschicht | Erklärung | Produkt-Beispiele |
| --- | --- | --- |
| Basisversorgung | Altersversorgung ohne Vererbbarkeit, Beleihung, Verpfändung, Abtretung oder einmaliger Kapitalauszahlung. Die Auszahlung ist nicht vor dem 60. Geburtstag erlaubt. | Gesetzliche Rentenversicherung, landwirtschaftliche Alterskassen, berufsständische Versorgungswerke, Basisrente |
| Zusatzversorgung | Staatlich gewollte und in Aufbauphase geförderte zusätzliche Altersvorsorge | Riester-Rente; Betriebsrente |
| Private Geldanlage | Nicht geförderte Anlagen freier Auswahl | Kapital-Lebensversicherung, private Renten-Policen; alle Formen der Geld- und sonstigen Kapitalanlage |

Auf die einzelnen Schichten wird insbesondere in den Kapiteln 3 bis 6 näher eingegangen.

## 2.2 Preisfrage: Wie viel Geld kann ich erwarten?

Wenn Experten über die Höhe der gesetzlichen Altersrente sprechen, reden sie gern vom »Eckrentner«. Das ist ein fiktiver Angestellter, der exakt 45 Jahre lang erwerbstätig war und stets das statistische Durchschnittseinkommen aller Rentenversicherten verdient hat. Er bekäme im Westen der Republik 2012 laut DRV Bund € 1 122,– pro Monat netto vor Steuern (Stand: Mai 2013). Dies entspricht nominal einem Niveau von 49,6 % des Durchschnittsnettolohns vor Steuern. Im Osten waren es im Schnitt rund € 150,– weniger. Die meisten arbeiten jedoch viel kürzer. Daher erhalten vier von fünf Deutschen nur eine Rente zwischen € 300,– und € 750,–.

Die ausgewiesenen Bruttorenten der Deutschen Rentenversicherung Bund (DRV Bund) sind zwar deutlich höher. Aber diese Beruhigungspille sollte niemand schlucken, denn es gehen sofort Sozialversicherungsabgaben ab. Auch als Rentner muss für Kranken- und Pflegeversicherung Beitrag gezahlt werden. Für die gesetzliche Krankenversicherung wird der halbe Beitragssatz fällig (2014: 8,2 % der monatlichen Rente; bei freiwillig Versicherten gar 15,5 %), für die gesetzliche Pflegeversicherung der volle Beitragssatz (2014: 2,05 % der monatlichen Rente; für Rentner, die keine Kinder hatten, sogar 2,3 %). Die Rentenkasse zieht diese Beträge gleich ab und überweist sie an die jeweilige Kranken- bzw. Pflegekasse.

Je nach Rentenhöhe sind auch Steuern fällig, aber immer erst nachträglich bei der jährlichen Steuererklärung. Dies gilt ab rund € 1 500,– Gesamteinkünften pro Monat, Tendenz steigend.

## 2 | Was die gesetzliche Rente bietet

**So werden bei Rentnern Abzüge berechnet**

| Bruttorente | € 1 400,– |
|---|---|
| Krankenversicherung (8,2 %) | ./. € 114,80 |
| Pflegeversicherung (2,05 %) | ./. € 28,70 |
| Einkommensteuer (bis € 1 500,– frei) | ./. € 0,– |
| **Nettorente** | **€ 1 256,50** |

Theoretisch wird die Rente jedes Jahr dynamisiert – in Abhängigkeit von der Lohnentwicklung. Es gab jedoch 2004 bis 2006 auch schon mal Nullrunden. Zum 1. 7. 2014 steigt die Rente um rund 2,2 %.

### 2.3 Renteninformation mit Vorsicht zu genießen

Die Einzahlungen in die Rentenkasse werden Ihnen nicht direkt gutgeschrieben, sondern kommen in den großen Topf mit laufenden Einzahlungen der Jetzt-Verdiener, aus dem dann die laufenden Renten der Jetzt-Senioren bezahlt werden. Grob gesagt: Die Generationen der 18- bis 67-Jährigen gewährleisten die Altersrenten (Umlageverfahren). Kommen die Jungen später selbst ins Rentenalter, wird ihr Anspruch nach einer komplizierten Rentenformel umgerechnet und von den dann 18- bis 67-Jährigen finanziert.

Wie viel Altersrente genau zu erwarten ist, kann nur eine Rentenauskunft ergeben. Seit 2005 verschicken die Versicherungsträger unaufgefordert einen jährlichen Kontoauszug (»Renteninformation«), falls der Kunde schon fünf Jahre Rentenbeitrag eingezahlt hat und mindestens 27 Jahre alt ist. Die Renteninformation gibt einen Überblick bis ins laufende Jahr und eine Schätzung des nächstfolgenden Jahres. Deshalb wird mit dem Durchschnitt der Entgeltpunkte der letzten fünf Jahre hochgerechnet. Für jedes künftige Jahr bis zum Beginn der Altersrente kommen aber weitere Ansprüche hinzu. Wie viel das noch sein wird, hängt von der Zahl der Rentenbeitragsjahre ab, die noch verbleiben, und von der Höhe des zukünftigen Verdienstes. Darüber informiert der Kontoauszug jedes Jahr aufs Neue.

## Was die gesetzliche Rente bietet | 2

**Tipp:** Was die Renteninformation verrät
- Höhe der Rente bei voller Erwerbsminderung.
- Ihre bislang erworbenen Ansprüche auf Altersrente.
- Eine Hochrechnung Ihrer künftigen Altersrente.
- Die Höhen bei Anpassung von 1 % und 2 % pro Jahr.
- Die bisherigen Entgeltpunkte.

Die Zahlenangaben sind jedoch mit Vorsicht zu genießen. Zum einen handelt es sich um Bruttorenten; es gehen also noch Beiträge zur Pflege- und Krankenversicherung ab – rund 10,25 %. Zudem wird die Rente ja von Jahr zu Jahr zunehmend besteuert – nachträglich in der Steuererklärung. Zum anderen sind die beispielhaft genannten Sätze zur jährlichen Rentenanpassung zum Teil sehr optimistisch. So fiel die Rentenanpassung 2004 bis 2006 komplett aus. Zudem ist die Inflationsrate nicht berücksichtigt. Dabei steht längst fest: € 1 000,– Rente sind in 30 Jahren nur noch € 630,– wert. Dazu gibt es in der Renteninformation zwar einen Warnhinweis, aber keine verringerte Endsumme. Dabei wäre es ein Leichtes, auf das Jahr des Rentenbeginns zum Beispiel 2 % Inflation pro Jahr abzurechnen. Aber die Staatsbeamten haben wohl Angst, dass den Kunden dann der Schreck in die Glieder fährt.

Unterm Strich ist die gesetzliche Rentenversicherung, in der die meisten Deutschen Pflichtmitglied sind, keine billige Altersvorsorge. Die Stiftung Warentest hat ausgerechnet, dass rund € 200 000,– aufgewendet werden müssen, um € 1 000,– Monatsrente zu bekommen.

## 2.4 Ab wann in Rente?

Gesetzliche Altersrente wurde früher vielen Berufstätigen schon mit 60 Jahren gewährt. Derzeit können die meisten ab 65 mit der vollen Rente rechnen. Geburtsjahrgänge ab 1964 müssen sich aber länger gedulden: Sie haben erst mit 67 Jahren Anspruch auf Altersrente, ohne sich Abzüge gefallen lassen zu müssen. Die sogenannte Regelaltersgrenze ist im Laufe der letzten 15 Jahre mehrfach nach hinten verschoben worden.

Seit 2012 wird das Rentenalter schrittweise von 65 auf 67 Jahre erhöht. Die Umstellung soll bis 2029 gänzlich vollzogen sein. Folge: Lediglich langjährig Versicherte mit mindestens 45 Pflichtbeitragsjahren können weiterhin mit 65 ohne Abschläge in Rente gehen. Im Jahr 2029 wird der erste Geburtsjahrgang erst mit 67 volle Rente erhalten – oder bei früherem Ruhestand Abzüge in Kauf nehmen müssen. Als erster Jahrgang sind davon die 1947 Geborenen betroffen. Der Geburtsjahrgang 1958 erhält dann erst mit 66 Jahren Regelaltersrente; ab Jahrgang 1964 (und jünger) gibt es erst mit 67 Jahren volle Altersrente. Mit voller Härte sind also Arbeitnehmer betroffen, die 2014 erst 50 Jahre und jünger sind.

## Anhebung der Regelaltersgrenze auf 67 Jahre

| Geburtsjahr | Anhebung um | Rentenstart mit |
|---|---|---|
| 1947 | 1 Monat | 65 + 1 Monat |
| 1948 | 2 Monate | 65 + 2 Monate |
| 1949 | 3 Monate | 65 + 3 Monate |
| 1950 | 4 Monate | 65 + 4 Monate |
| 1951 | 5 Monate | 65 + 5 Monate |
| 1952 | 6 Monate | 65 + 6 Monate |
| 1953 | 7 Monate | 65 + 7 Monate |
| 1954 | 8 Monate | 65 + 8 Monate |
| 1955 | 9 Monate | 65 + 9 Monate |
| 1956 | 10 Monate | 65 + 10 Monate |
| 1957 | 11 Monate | 65 + 11 Monate |
| 1958 | 1 Jahr | 66 |
| 1959 | 14 Monate | 66 + 2 Monate |
| 1960 | 16 Monate | 66 + 4 Monate |
| 1961 | 18 Monate | 66 + 6 Monate |
| 1962 | 20 Monate | 66 + 8 Monate |
| 1963 | 22 Monate | 66 + 10 Monate |
| ab 1964 | 2 Jahre | 67 |

Quelle: DRV Bund

Damit es nicht zu einfach wird: Der Bundestag hat am 22. Mai 2014 beschlossen, dass Versicherte mit mindestens 45 Pflichtbeitragsjahren schon mit 63 ohne Abschläge in Rente gehen können. Dies gilt aber nur für Leute, die ab 1. Juli 2014 erstmals Altersrente bekommen können (Neurentner), also nicht für Bestandsrentner, die schon zuvor mit Abschlägen in Altersrente gegangen waren. Und: Es gilt uneingeschränkt nur für die Geburtsjahrgänge 1951 und 1952. Für Jüngere wird es pro Jahr zwei Monate später möglich. Wer 1960 geboren ist, kann dann also frühestens 16 Monate später ohne Abschlag in Rente, also mit 64 und vier Monaten – vorausgesetzt, man bringt es auf 45 Beitragsjahre. Ab Jahrgang 1964 kann man ab 65 abschlagsfrei in Altersrente, während Leute mit weniger als 45 Beitragsjahren dann erst ab 67 in Rente können.

## 2 | Was die gesetzliche Rente bietet

Zu den Beitragszeiten werden auch Zeiten mit freiwilligen Beiträgen gezählt, wenn man es auf mindestens 18 Jahre mit Pflichtbeiträgen aus selbstständiger Tätigkeit gebracht hat. Zudem zählen Zeiten für Wehr- und Zivildienst, Kindererziehung und Pflege, Bezug von Kurzarbeiter-, Schlechtwetter- und Insolvenzgeld sowie Bezug von Leistungen bei beruflicher Weiterbildung mit. Sogar Zeiten kurzer Arbeitslosigkeit werden angerechnet bei den 45 »Beitragsjahren«. Lediglich in den letzten beiden Jahren vor Rentenbeginn zählt Arbeitslosigkeit nur mit, wenn sie Folge einer Insolvenz oder vollständigen Geschäftsaufgabe des Arbeitgebers ist.

Derzeit gehen Berufstätige im Schnitt mit 60,8 Jahren in Altersrente – zum Teil mit heftigen Abschlägen. Grund: Wer vor der erlaubten Zeit Altersrente bekommt, wird bestraft: Wer in Rente geht, ehe es ihm eigentlich zusteht, muss sich für jeden Monat früher als erlaubt 0,3 % Abzug von seiner eigentlichen Rente gefallen lassen – und zwar lebenslang. Das bedeutet: Auch wenn Sie dann irgendwann 65 bzw. 67 Jahre alt sind, bleibt es bei den Abzügen – umgerechnet 3,6 % für jedes Rentenjahr vor Erreichen der Regelaltersgrenze.

**Tipp:** Details zu Altersgrenzen und Übergangsregelungen nennen insbesondere Broschüren wie »Die richtige Altersrente für Sie«, die immer wieder aktualisiert werden und die es kostenlos bei allen Rentenversicherungsträgern gibt. Sie können auch per Internet bestellt oder direkt auf Ihren PC heruntergeladen werden: www.drv-bund.de.

## 2.5 Vor 65 voll in Rente – Hinzuverdienst kaum möglich

Wer schon vor 65 bzw. künftig 67 Jahren Anspruch auf die volle Rente hat, aber weiter arbeiten möchte, darf nur sehr wenig hinzuverdienen oder muss sich Abstriche an der vollen Rente gefallen lassen. Ungestraft darf man höchstens € 450,- hinzuverdienen (Stand: 2014). Ist die Arbeit einträglicher, so wird die volle Rente in eine Teilrente umgewandelt. Je nach Arbeitseinkommen werden dann nur ein Drittel, die Hälfte oder zwei Drittel der vollen Rente ausgezahlt; der Rest verfällt. Hier die groben Einkommensgrenzen, bei denen Hinzuverdienst die Rente nicht schmälert.

**So viel dürfen Teil-Rentner dazuverdienen[1]**

| Rentenhöhe | Maximum für Durchschnittsverdiener (in Euro) | |
|---|---|---|
| | West[2] | Ost[2] |
| Volle Rente | bis 450,- | bis 450,- |
| 2/3-Rente | 1 023,- | 908,- |
| 1/2-Rente | 1 495,- | 1 325,- |
| 1/3-Rente | 1 969,- | 1 745,- |

Quelle: DRV-Bund 2013
1) Grenzen gelten nur bis zum 65. Geburtstag (künftig bis 67); danach kann unbeschränkt hinzuverdient werden.
2) Brutto bei Durchschnitt von € 2 700,- Monatseinkommen (Ost: € 2 200,-).

Die Tabelle zeigt: Ein früherer Durchschnittsverdiener aus Köln, der vor Rentenbeginn rund € 2 700,- brutto verdiente, erhält nur eine 2/3-Rente, wenn er bis € 1 023,- brutto pro Monat hinzuverdient. Verdient er noch etwas mehr dazu, bekommt er nur noch eine halbe Rente.

Ab 65 (künftig: 67) können Altersrentner unbegrenzt hinzuverdienen und bekommen doch immer die volle Altersrente. Das Thema Teil-Rente ist dann ein für alle Mal vom Tisch.

Wer schon eine volle Altersrente bezieht, ist versicherungsfrei (§ 5 Abs. 4 Nr. 1 SGB VI) und kann auf diese Versicherungsfreiheit auch nicht verzichten. Wer daneben noch einmal zu arbeiten beginnen will und maximal € 450,- verdient, kann durch eigene Beiträge den Rentenanspruch nicht mehr steigern (§ 172 Abs. 1 SGB VI). Die Rentenversicherung nimmt dann einfach keine Einzahlungen mehr an.

Hinzuverdienstgrenzen gibt es nicht nur bei der Altersrente, sondern auch bei der Invaliditäts- und Hinterbliebenenrente. Die Details erfahren Sie bei Ihrem Rentenversicherungsträger. Faustregel bei Erwerbsminderungsrente: Auch hier sind maximal € 450,- Verdienst erlaubt, wenn die Rente nicht gekürzt werden soll.

## 2.6 Zusätzlich zur Altersrente: Invaliden- und Hinterbliebenenrente

Die gesetzliche Rentenkasse zahlt nicht nur Altersrente, sondern auch »Invalidenrente« – bis zum Beginn der Altersrente –, sowie bei Tod des Versicherten auch Witwen- und Waisenrente, nach Krankheit oder Unfall auch medizinische und berufliche Rehabilitation.

Schon seit 2001 gilt: Statt der früheren Rente wegen Berufsunfähigkeit (BU) und Erwerbsunfähigkeit (EU) gibt es die deutlich niedrigere gesetzliche Rente wegen Erwerbsminderung. Volle Rente wird immer dann gezahlt, wenn wegen Krankheit oder Behinderung nur noch weniger als drei Stunden täglich gearbeitet werden kann. Denn wer auf Dauer nicht mehr berufstätig sein kann, dessen Einkommen fällt auf Dauer weg. Lediglich Schwerbehinderte können bereits mit 63 ohne Abschlag in Rente gehen. Die gesetzliche Rentenkasse zahlt »Invalidenrente« – bis zum Beginn der Altersrente, aber das ist zu wenig zum Leben und erst recht zu wenig, um zusätzlich fürs Alter anzusparen.

## Was die gesetzliche Rentenkasse bei Invalidität zahlt

| Voraussetzung[1] | Höhe |
|---|---|
| Wer mehr als sechs Stunden aus medizinischer Sicht arbeiten kann | € 0,– |
| Zwischen drei und sechs Stunden Arbeitsfähigkeit | Halbe Rente[2] |
| Unter drei Stunden Arbeitsfähigkeit | Volle Rente[2] |

1) Bei Invalidität für Geburtsjahrgänge ab 1961.
2) Der bis dato aufgebauten Rentenansprüche.

Es zählt primär die ärztlich attestierte zeitliche Fähigkeit, noch arbeiten zu können. Glück im Unglück haben gesetzlich Rentenversicherte, die vor 1961 geboren sind und zum Invaliden werden: Sie erhalten die früher übliche höhere Berufs- bzw. Erwerbsunfähigkeitsrente und müssen auch nur einen Alternativjob im Rahmen ihrer gesundheitlichen Situation antreten, der ihrer bisherigen Qualifikation entspricht (Berufsschutz). Tendenziell ist die gesetzliche Erwerbsminderungsrente ein finanzielles Trauerspiel: Selbst die volle Rente bringt im Schnitt nur € 707,– pro Monat (Frauen: € 674,–), Stand 2013. Neu hinzukommende Erwerbsgeminderte bekommen im Schnitt nur noch rund € 600,–. Das reicht häufig nicht mal für Miete. Daher sollte jeder zusätzlich eine private Berufsunfähigkeitsversicherung abschließen.

Auch durch den frühen Tod des Partners wird die Altersvorsorge gefährdet. Dann fehlt lebenslang das bisherige Einkommen des Verstorbenen, sodass der Alltag schlagartig teurer wird, weil man mit deutlich weniger Geld auskommen muss. Falls der Verstorbene Mitglied der gesetzlichen Rentenversicherung war, springt die Rentenkasse mit Hinterbliebenenrente (Kinder maximal bis zum Alter von 25) ein: In den ersten drei Monaten gibt es die volle Rente des Verstorbenen, danach 60 % (»große« Witwenrente) oder nur 25 % (»kleine« Witwenrente):

Bedingungen der »großen Witwenrente«:

- Witwe / Witwer ist mindestens 45 Jahre alt oder
- selbst berufs- / erwerbsunfähig oder
- hat mindestens ein Kind unter 18 zu erziehen (bei behindertem Kind ohne Altersgrenze)

Schon 2002 wurde die große Witwenrente gekürzt, und zwar für seit 2002 geschlossene Ehen sowie für Ehen, in denen beide Partner jünger als 40 Jahre sind. Statt 60 % der Rentenansprüche des Verstorbenen gibt es dann noch 55 %. Die kleine Witwenrente bleibt bei 25 %, wird aber für manche befristet: Ist die Witwe jünger als 45, nicht berufstätig (und nicht erwerbsgemindert) und ohne Kind unter 18, wird die Witwenrente auf zwei Jahre begrenzt.

## 2.7 Rente später ins Ausland?

Rentner sind nicht an Grenzen gebunden, ebenso wenig die Rentenzahlungen. Eine deutsche Altersrente wird – falls gewünscht – ohne Einschränkungen überallhin überwiesen – auf ein Konto Ihrer Wahl. Gebühren für die Überweisung muss der Rentenversicherungsträger bezahlen. Im Einzelfall kann die Empfängerbank im Ausland allerdings Extragebühren berechnen, die dann der Kontoinhaber zu zahlen hat.

Bei vorübergehendem Aufenthalt im Ausland gibt es mit der Rentenzahlung keine Probleme: Die Rente wird in gleicher Höhe wie in Deutschland überwiesen. Wer dagegen seinen Wohnsitz dauerhaft ins Ausland verlegen will, sollte sich frühzeitig mit dem Rentenversicherungsträger in Verbindung setzen. Rentenanspruch und Rentenhöhe könnten eingeschränkt sein, insbesondere bei gesetzlicher Erwerbsminderungsrente.

# Was die gesetzliche Rente bietet | 2

> **Tipp:** Seit dem 1. 10. 2013 entfällt bei Auslandszahlungen der Rentenversicherung die zuvor in bestimmten Fällen vorgenommene Kürzung der Rente auf 70 %. Die Neuregelung wirkt sich auf Renten von Personen aus, für die nicht das Europarecht oder ein mit Deutschland abgeschlossenes Sozialversicherungsabkommen gilt. Rentner in der Europäischen Union, im Europäischen Wirtschaftsraum oder der Schweiz und in Ländern, mit denen Deutschland ein Sozialversicherungsabkommen abgeschlossen hat (zum Beispiel die USA, Türkei und Tunesien), erhalten schon bisher ihre deutsche Rente in unverminderter Höhe.

**Vorsicht:** Rentner sollten aber vor einem endgültigen Wegzug in den Süden auch an den Krankenversicherungsschutz denken. Hier drohen unliebsame Überraschungen, denn die Krankenversicherung der Rentner endet außerhalb von EU bzw. EWR bzw. Ländern mit Sozialversicherungsabkommen.

## 2.8 Rente ist sicher, sinkt aber tendenziell

Die Leistungen aus der gesetzlichen Rentenkasse, insbesondere Altersrente, sind sicher. Allenfalls wenn der Staat pleite wäre, könnte die Rente gestrichen werden. Unsicher ist jedoch die Höhe – der Trend ist klar sinkend. Die Deutsche Rentenversicherung Bund stellt regelmäßig eigene Renditerechnungen an. Fazit: Die Rendite sinkt tendenziell – auf derzeit rund 3,2 %. Dabei sind allerdings 45 Beitragsjahre unterstellt, auf die heutzutage kaum noch ein Arbeitnehmer kommt.

Würde die Rendite der gesetzlichen Rentenversicherung auf null sinken, droht das verfassungsrechtliche Verbot. Mit Einführung der Rente ab 67 sinkt die Rendite, die von externen Fachleuten stets deutlich niedriger angegeben wird, weiter, da insgesamt weniger Rentenbezugsdauer erreicht wird. Wer fair rechnet, sollte aber nur

80 % des Beitrages in diese Renditerechnung einbeziehen, da für rund 20 % andere Leistungen wie Erwerbsminderungs- und Hinterbliebenenrente sowie Rehabilitationen und Kindererziehungszeiten bezahlt werden.

Wenn das Geld nicht reicht, müssen Ersparnisse eingesetzt oder es muss länger gearbeitet werden. Wenn alle Stränge reißen, hilft der Staat mit spezieller Sozialhilfe für bedürftige Rentner. Die sogenannte Grundsicherung kann beantragen, wer über 65 Jahre alt oder erwerbsgemindert ist. Der Betrag macht rund € 645,– pro Monat aus (Stand: 2013).

> **Tipp:** Wenn Sie außer einer kleinen Rente keine weiteren Einkünfte oder Vermögen haben, steht Ihnen Geld aus der Grundsicherung zu. Bereits mit dem Rentenbescheid weist der Rentenversicherungsträger auf die Grundsicherung hin. Die Rentenversicherung nimmt auch Anträge auf Grundsicherung entgegen und leitet sie an die zuständige Kommune weiter.

Seit 2003 gibt es diese finanzielle Grundsicherung. Sie wird wie eine normale Altersrente bezahlt und für ein Jahr im Voraus festgelegt, aber grundsätzlich lebenslang gezahlt. Damit soll verschämter Altersarmut vorgebeugt werden. Das Geld stellt der Bund aus Steuermitteln zur Verfügung.

# 3 Wie der Staat Vermögensbildung fördert

Bestimmte Geldanlagen werden vom Staat gefördert. Begünstigt sind vor allem Arbeitnehmer (vermögenswirksame Leistungen samt Arbeitnehmer-Sparzulage, Mitarbeiterbeteiligung, Betriebsrente), aber auch gesetzlich Rentenversicherte (Riester-Rente), Eigenheim-Sparer (Bausparen) mit Wohnungsbauprämie und Selbstständige (Basisrente). Die Förderung ist meist jedoch nach Einkommen oder in der absoluten Höhe begrenzt und im Zweifel auch nicht auf Dauer garantiert, also oft ohne Rechtsanspruch bzw. Vertrauensschutz.

## 3.1 Vermögenswirksame Leistungen

Arbeitnehmer können durch speziell geförderte Geldgeschenke vom Arbeitgeber erreichen, dass in Kombination mit dem sehr sicheren Bausparen oder Versicherungssparen oder mit riskanterer Aktienfonds-Anlage ein solider Beitrag zur Vermögensbildung geleistet wird. Jeder Angestellte kann nämlich vom Arbeitgeber verlangen, dass der einen Teil des Gehalts auf ein Anlagekonto seiner Wahl für vermögenswirksame Leistungen (kurz: VL genannt) überweist. In vielen Firmen und Behörden gibt der Chef bei VL etwas dazu oder spendiert sogar die maximal geförderte Summe. Von dieser freiwilligen Sozialleistung profitieren auch Auszubildende. Die Spanne reicht von € 7,– bis € 40,– monatlich, das Geschenk von der Firma ist einkommensteuerpflichtig und kann auf ein Sparkonto Ihrer Wahl eingezahlt werden – auch in eine Lebensversicherung –, über das allerdings erst nach Ablauf von sieben Jahren verfügt werden kann. Bei »VL« sollten Sie also immer zugreifen.

# 3 | Wie der Staat Vermögensbildung fördert

> **Tipp:** Fragen Sie in der Personalabteilung nach »VL«. Gibt die Firma zum Beispiel jeden Monat € 40,– zur Vermögensbildung dazu, so kommen nach sechs Jahren bis zu € 2 880,– Firmengeschenk zusammen (€ 40,– pro Monat × 12 Monate × 6 Jahre) – das siebte Jahr ruht der Vertrag. Erst danach ist der Zugriff auf das Geld erlaubt, das sich natürlich zusätzlich verzinst – je nach Anlageform, die frei wählbar ist –; vom Sparbuch über eine Lebensversicherung bis hin zu Aktien ist alles erlaubt.

Wer keine vermögenswirksamen Leistungen von der Firma erhält, kann den Betrag eben auch von seinem Gehalt abzweigen. Das lohnt bei relativ geringem Gehalt wegen der zusätzlichen staatlichen Förderung – über die sogenannte Arbeitnehmer-Sparzulage. Fragen Sie im Personalbüro danach. Das lohnt sich besonders dann, wenn das zu versteuernde Jahreseinkommen bei Singles unter € 20 000,– bleibt. Das Bruttoeinkommen kann wesentlich höher liegen. Arbeitnehmer-Sparzulage gibt es jedoch nicht bei VL-Anlage in jeder x-beliebigen Anlageform, sondern nur in drei Fällen:

- Aktienfonds,
- Unternehmensbeteiligung beim Arbeitgeber oder
- Bausparvertrag.

Die Zulage macht bei Aktienfonds und Unternehmensbeteiligungen je 20 % der Einzahlungen (bis € 400,– pro Jahr) aus, bei Bausparverträgen 10 % (für Einzahlungen bis € 470,– pro Jahr). Wer innerhalb der relativ geringen Einkommensgrenzen bleibt, dem schreibt das Finanzamt jedes Jahr maximal 20 % seiner Einzahlungen bis € 400,– gut (= € 80,–) und überweist den Gesamtbetrag von höchstens € 480,– am Ende des siebten Jahres aufs Girokonto (€ 400,– × 20 % × 6 Jahre). Erst nach dem siebten Jahr ist in der Regel der Zugriff aufs Geld möglich. Wer im Laufe der Zeit mit Lohn oder Gehalt über die Einkommensgrenze steigt, verliert die Zulage nur für die Jahre, in denen er besser verdient.

Lohnenswert für vermögenswirksame Leistungen sind vor allem gute Aktienfonds – wegen der langfristig hohen Renditechancen und der hohen Zulage vom Finanzamt. Genauer: Gefördert wird die Anlage in Investmentfonds mit Fonds mit mindestens 70 % Aktienanteil. Die besten Aktienfonds machten aus einer monatlichen Einzahlung von € 33,33, also rund € 2 400,–, in sechs Jahren von Februar 2008 bis Januar 2013 mehr als € 3 300,–. Das entspricht selbst bei Berücksichtigung des vollen Ausgabeaufschlags einer Rendite von mehr als 10 % pro Jahr. Gerade in Zeiten der Börsenkrisen sei jedoch betont: Es gab auch schon Perioden, in denen nach sieben Jahren nur 1 % Rendite oder noch weniger zu Buche standen. In jedem Fall kommen immer noch rund 3 Prozentpunkte Rendite durch die Arbeitnehmer-Sparzulage hinzu.

> **Tipp:** Strategisch am günstigsten ist es, wenn der Ertrag nach Ablauf der sieben Jahre nicht konsumiert wird, sondern zur Altersvorsorge im Depot bleibt. Auf diese Weise werden bereits nach 14 Jahren, also zwei aufeinanderfolgenden VL-Perioden, aus monatlich € 33,33 Einzahlung über zweimal sechs Jahre (= € 4 800,–) Einzahlung und je einem Ruhejahr bei 10 % Rendite (samt 3 % Arbeitnehmer-Sparzulage) über € 6 300,–.

Wer sich bei vermögenswirksamen Leistungen für das sicherere Bausparen entscheidet, wird zwar mit einem etwas höheren Betrag als bei Aktienfonds gefördert – € 40,– pro Monat –, doch ist die Arbeitnehmer-Sparzulage mit 9 % nur knapp halb so hoch wie bei Aktienfonds. Demnach gibt der Staat in der sieben Jahre währenden Sparphase nur rund € 253,– dazu (€ 470,– × 9 % × 6 Jahre). Wer sich bei vermögenswirksamen Leistungen für einen Bausparvertrag entschieden hat, setzt damit stärker auf Sicherheit bei der Kapitalanlage als mit Fonds, aber die Verzinsung liegt seit der Finanzkrise oft bei nur noch maximal 1,5 % (Stand: Dezember 2013).

## 3.2 Mitarbeiterbeteiligung

Neben vermögenswirksamen Leistungen wird seit 1. 4. 2009 eine weitere Form der Vermögensbildung von Arbeitnehmern stärker gefördert: die Mitarbeiterbeteiligung. Gemeint ist die Beteiligung am Unternehmenskapital, etwa durch Darlehen, stille Beteiligung, Genussrechte, Belegschaftsaktien, Genossenschaftsanteile oder GmbH-Anteile. Aktienoptionen gehören nicht dazu und werden steuerlich nicht gefördert. Der Vorteil aus unentgeltlich oder verbilligt überlassener Arbeitnehmerbeteiligung ist zuvor schon bis € 135,- im Jahr steuerfrei gewesen (§ 19 a EStG). Über diesen Weg sind in Deutschland rund zwei Millionen Arbeitnehmer an »ihren« Unternehmen beteiligt.

Mit der Neuregelung wurde der steuer- und sozialversicherungsfreie Höchstbetrag für Beteiligungen der Mitarbeiter am Unternehmen des Chefs auf € 360,- erhöht. Als neues Element sind Mitarbeiterbeteiligungsfonds – etwa für einzelne Branchen – erlaubt worden. Solche überbetrieblichen Fonds sind jedoch nicht unproblematisch: Da 75 % der Mittel in den Firmen angelegt sein müssen, an denen sich die Mitarbeiter beteiligen, wird die Streuung der Geldanlage erschwert. Somit sind derartige Fonds noch riskanter als die bekannten Branchen-Investmentfonds, die auf einzelne Branchen wie Telekommunikation oder Biotechnologie setzen und häufig weltweit die Anlage streuen.

Der Arbeitgeber muss die Beteiligung zusätzlich zum Lohn zahlen; sie darf nicht aus Entgeltumwandlung finanziert werden. Eine Beteiligung basiert zudem auf dem Prinzip der Freiwilligkeit für die Unternehmen und die Beschäftigten. Und: Ein Angebot zur Beteiligung am Unternehmen muss grundsätzlich allen Beschäftigten des Unternehmens offenstehen. Bisherige Mitarbeiterbeteiligungsmodelle genießen aus steuerlicher Sicht Bestandsschutz und werden bis einschließlich 2015 unverändert gefördert.

Der durchschlagende Erfolg ist bisher ausgeblieben. Im Jahr 2012 lag die Zahl der Belegschaftsaktionäre bei etwas weniger als 1,3 Millionen und damit rund 300 000 niedriger als im Jahr 2000. Zwar bieten 60 % der großen Unternehmen eine aktienbasierte Vergütung an, aber nur rund 50 % erfüllen bei der Ausgestaltung des Aktienplans die Bedingungen der staatlichen Förderung. Fazit: Für Arbeitnehmer sind die Fördermöglichkeiten bei der betrieblichen Altersversorgung deutlich besser und im Ergebnis auch sicherer.

> **Beispiel:** Ein Mittelständler bietet seinen Angestellten stille Beteiligungen am Unternehmen an. Das machen schon 1 300 Firmen in Deutschland. Typischerweise sind stille Gesellschafter nicht an der Geschäftsführung beteiligt und haben nur Kontroll-, aber keine Mitspracherechte. Sie dürfen die Geschäftszahlen einsehen und den Jahresabschluss prüfen. Als stille Gesellschafter sind die Mitarbeiter am Unternehmenserfolg beteiligt, nicht jedoch am Verlust. Häufig gibt es dafür zwischen 3 und 15 % effektive Verzinsung pro Jahr – abhängig vom Gewinn. Die Eigenleistung beträgt oft zwischen € 240,– bis € 960,– pro Jahr. Die Firma legt gewöhnlich noch eine Schippe obendrauf. Denn Zuschüsse des Arbeitgebers fördert der Staat: Bis zu € 360,– jährlich kann jeder Betrieb seinem Mitarbeiter steuer- und sozialabgabenfrei überlassen, vorausgesetzt, die Mitarbeiterbeteiligung steht allen Angestellten offen, die länger als ein Jahr beschäftigt sind. Risiko: Geht die Firma pleite, ist die Beteiligung des Arbeitnehmers wertlos. Einen Insolvenzschutz gibt es nicht.

## 3.3 Wohnungsbauprämie

Alternativ oder zusätzlich zur VL-Anlage mit Arbeitnehmer-Sparzulage können Bausparer vom Staat auch Wohnungsbauprämie erhalten. Dazu muss man kein Arbeitnehmer sein, muss aber später tatsächlich bauen.

# 3 | Wie der Staat Vermögensbildung fördert

> **Beispiel:** Wohnungsbauprämie gibt es für 8,8 % der eingezahlten Beträge in einen Bausparvertrag – maximal bis Einzahlungen von € 512,– pro Jahr. Macht € 45,06 Wohnungsbauprämie pro Jahr. Die passende Sparrate beim Bausparen beträgt € 43,– pro Monat, um die Wohnungsbauprämie voll auszuschöpfen. Macht nach sechs Jahren maximal € 270,36 Prämie. Samt rund 1,5 % Rendite (Stand 2013) auf das Guthaben auf dem Bausparkonto kommen noch rund 3 Prozentpunkte für die Prämie hinzu. Das Angebot an Renditetarifen der Bausparkassen ist jedoch wegen der anhaltenden Niedrigzinsphase seit 2008 stark geschrumpft.

Die Prämie gibt es schon ab vollendetem 16. Lebensjahr. Vorteil: Die Einkommensgrenze ist etwas höher als für die Arbeitnehmer-Sparzulage. Man darf es auf maximal € 25 600,– zu versteuerndes Jahreseinkommen bringen, um den Anspruch auf Prämie nicht wegen zu hohen Einkommens zu verlieren. Bei Abschluss von Bausparverträgen seit 2009 muss das Kapital zwingend für die Finanzierung von Wohneigentum oder die Modernisierung verwendet werden, um die Wohnungsbauprämie zu bekommen. Wer vor 2009 einen Vertrag abgeschlossen hat, erhält die Prämie auch dann, wenn er nicht baut und das Geld frei verwenden kann.

> **Tipp:** Jugendliche unter 25 Jahren dürfen weiterhin nach einer Sperrfrist von sieben Jahren frei über ihr Bausparguthaben verfügen, ohne die Wohnungsbauprämie zu verlieren. Sie müssen also kein Wohneigentum anschaffen.

## 3.4 Riester-Rente

Wer in spezielle Rentenversicherungen, Fonds- oder Banksparpläne einzahlt, wird großzügig unterstützt: Der Staat legt jährlich eine Grundzulage für jeden Erwachsenen sowie eine gesonderte Zulage pro Kind mit Kindergeldanspruch drauf, wenn Rentenpflichtversicherte jährlich Geld zurücklegen. Bis zu 4 % ihres Bruttoeinkommens werden als Einzahlung gefördert – abzüglich der staatlichen Zulagen. Junge Leute unter 25 Jahren erhalten im Jahr des Vertragsabschlusses zusätzlich € 200,– vom Finanzamt dazu (siehe hierzu Kapitel 4).

Hintergrund: Die Rentenreform 2002 hat die Altersrenten gravierend gekürzt – von 70 auf etwa 64 % des durchschnittlichen Nettoeinkommens. Alles nur, damit die Beiträge zur gesetzlichen Rentenversicherung langfristig bezahlbar bleiben. Als Ersatz bietet der Staat seit 2002 eben besagte Riester-Zulagen, falls Betroffene die Lücke freiwillig durch private Vorsorge auffüllen. Die Botschaft: Wer Pflichtbeiträge zur gesetzlichen Rentenversicherung einzahlen muss – oder Beamter ist – und ergänzend privat vorsorgt, kann die Kürzung der gesetzlichen Altersrente privat ungefähr ausgleichen. Inzwischen ist die Endstufe mit der höchsten Förderung erreicht.

**So viel Riester-Zulage gibt der Staat dazu**

| Jahr | Grundzulage (in Euro) | Grundzulage pro Kind (in Euro)[1] | Mindest-Eigenbeitrag (in Euro)[2] |
|---|---|---|---|
| Seit 2008 | 154,– | 185,– | 75,– |

1) Für jedes Neugeborene ab 2008 beträgt sie sogar € 300,–.
2) Mit einem Kind pro Jahr (für Kinderlose mehr, für alle anderen weniger).

# 3 | Wie der Staat Vermögensbildung fördert

Damit ist der wichtigste Geldtopf für Riester-Anleger beschrieben. Arbeiter und Angestellte mit niedrigem oder mittlerem Jahreseinkommen erhalten die Zulagen, die nach Antrag vom Finanzamt dem begünstigten Vertrag gutgeschrieben werden. Um die Zulagen auszuschöpfen, muss ein bestimmter Höchstbeitrag in die Riester-Anlage eingezahlt werden. Maßstab sind 4 % des individuellen Bruttoeinkommens aus dem jeweiligen Vorjahr.

>> **Beispiel:** Wer im Jahr 2012 zu den Durchschnittsverdienern zählte und € 2 500,– pro Monat verdient (= € 30 000,– im Jahr), kann 2013 bis zu € 1 200,– in seinen Riester-Vertrag einzahlen (€ 30 000,– × 4 %), um die Höchstförderung zu bekommen. Zahlen Durchschnittsverdiener weniger als umgerechnet € 100,– pro Monat ein, schöpfen sie die Grundzulage von € 154,– pro Jahr für 2013 womöglich nicht aus. Für den Teil der Einkünfte, die Sie in die Riester-Rente stecken, müssen Sie keine Steuern zahlen. So sind von den € 1 200,– Einzahlung pro Jahr tatsächlich nur rund € 843,– selbst aufzuwenden; 30 % trägt der Staat.

Besserverdiener erhalten neben der Riester-Zulage einen zusätzlichen Sonderausgabenfreibetrag von bis zu € 2 100,– pro Jahr – Ehepaare bis € 4 200,–. Je höher der Anlagebetrag, desto höher die Steuerersparnis – gerade beim Sonderausgabenabzug.

## 3.5 Basisrente

Keinen Anspruch auf Riester-Rente und zumeist auch nicht auf Betriebsrente haben Unternehmer. Sie können auf die Basisrente ausweichen und damit steuerbegünstigte Altersvorsorge betreiben. Dahinter verbirgt sich eine spezielle steuerliche Ausprägung der herkömmlichen privaten Rentenversicherung (siehe hierzu Kapitel 7), die jedoch auch von Banken und Fondsgesellschaften ins Angebot genommen werden darf.

## Wie der Staat Vermögensbildung fördert | 3

Wie die Riester-Rentenversicherung ist sie allerdings nicht vererblich, nicht auf Dritte übertragbar. Anders als die Riester-Rente wird sie zu 100 % nur als Rente ausgezahlt – eine größere Auszahlung zu Rentenbeginn ist verboten. Das Ersparte ist bei Bedürftigkeit während der Einzahlphase vor dem Zugriff des Sozialamtes sicher und gilt auch begrenzt bei Insolvenz als Schonvermögen. In der Rentenphase fällt nach aktuellem Recht auch kein Beitrag für die gesetzliche Kranken- und Pflegeversicherung an.

> **Tipp:** Tendenziell können Einzahlungen bis zu € 20 000,– pro Jahr aus unversteuertem Einkommen genutzt werden (2014: bis € 15 600,–), abzüglich der Beiträge zur gesetzlichen Rentenversicherung (samt Arbeitgeberanteil). Bei 30 % Steuersatz muss der Anleger tatsächlich nur rund zwei Drittel aufwenden.

Die Steuerbegünstigung des einzuzahlenden Beitrages steigt dabei schneller als die Steuerpflicht der auszuzahlenden Basisrente. Die Einzahlung spart unmittelbar Lohnsteuer – 2014 sind es 78 % – pro Jahr steigend auf 100 % im Jahr 2025. Die später ausgezahlte Basisrente ist tendenziell voll zu versteuern. Auch hier gibt es Übergangsfristen: Bei Rentenbeginn 2014 sind lebenslang nur 68 % zu versteuern, bei Rentenbeginn ab 2040 dann 100 % – stets mit dem individuellen Steuersatz.

Wer den geförderten Basisrentenbeitrag maximal ausschöpft, kann zwischen 3,6 % und 4,5 % Beitragsrendite nach Steuern schaffen. Allerdings gibt es deutliche Leistungsunterschiede (siehe hierzu Kapitel 5).

## 3.6 Betriebsrente

Nicht nur die privat angesparte Riester- oder Basisrente wird staatlich gefördert, sondern für Arbeitnehmer auch drei Formen der Betriebsrente: Direktversicherung, Pensionskasse und Pensionsfonds. Hier ist die Förderung sogar noch ein bisschen höher (§ 3 Nr. 63 EStG). Während bei der Riester-Rente 4 % des individuellen Bruttoeinkommens pro Jahr eingezahlt werden dürfen, sind es bei der betrieblichen Altersversorgung 4 % des fiktiven Bruttoeinkommens bis zur Beitragsbemessungsgrenze West für das entsprechende Jahr (Beitragsbemessungsgrenze 2014: € 71 400,–). Das bedeutet: Für 2014 kann jeder Arbeitnehmer bundeseinheitlich maximal € 2 856,– vom Jahreseinkommen in einen betrieblichen Vorsorgevertrag einzahlen, ohne dafür Lohnsteuer und Sozialversicherungsbeitrag zahlen zu müssen. Zusätzlich sind weitere € 1 800,– Beiträge vom Gehalt steuerfrei in Betriebsrente umwandelbar; dafür sind dann aber Sozialversicherungsbeiträge fällig.

Alternativ können Arbeitnehmer aber auch die Riester-Förderung (seit 2008: bis € 2 100,– pro Jahr) über den Betrieb mitnehmen. Vorteil: Angebote können kostengünstiger sein, da betriebliche Versorgungswerke sich oft mit geringeren Verwaltungskosten begnügen. Schwerer wiegen jedoch die Nachteile:

- Es ist keine direkte Förderung für Ehegatten möglich.

- Auf betrieblich angesparte Riester-Rente müssen gesetzlich Kranken- und Pflegeversicherte im Alter Beitrag zahlen (bei der privat abgeschlossenen Riester-Rente nicht).

Der Weg zur Betriebsrente führt meist nur darüber, dass Arbeitnehmer auf einen Teil ihres Barlohns verzichten und diesen Teil in eine Betriebsrente einzahlen (Entgeltumwandlung). Am weitesten verbreitet sind unter Arbeitnehmern die Direktversicherung und die Pensionskasse (siehe hierzu Kapitel 6).

## 3.7 Frühzeitig die Förderung nutzen

Ruhestandsplanung beginnt schon mit dem Einstieg ins Berufsleben. Weitsichtigkeit bei der Vorsorge zahlt sich später aus, reines Konsumdenken hingegen führt zu langen Gesichtern beim Blick auf den Kontostand im Alter.

Im Alter von 18 Jahren zum Beispiel sind die meisten Jugendlichen noch in der Ausbildung. Entweder gehen sie noch einige Jahre zur Schule, mit der Option zu studieren, oder sie erlernen einen Beruf. Zumeist verfügen sie über kein nennenswertes Vermögen, haben aber hohen aktuellen Geldbedarf für den Konsum. Ihr Wissen zu Geldanlagen ist sehr begrenzt, der Anlagehorizont zumeist kurzfristig, seltener mittelfristig.

Unter diesen Vorzeichen setzen viele auf Sparformen mit hoher Sicherheit und gleichzeitiger Verfügbarkeit. Kurzfristig bietet sich vor allem ein Tagesgeldkonto an. Mittelfristig lohnt aber auch ein höheres Risiko, etwa bei einer Direktbank ein Sparplan mit Indexfonds (ETF) auf bestimmte Aktienindizes wie den DAX. Dann bildet der Indexfonds den DAX ziemlich genau nach: Sie legen also in dem Fonds so an, als hätten sie alle Aktien des DAX gekauft. So etwas ist online bereits ab € 50,– pro Monat möglich. Das Geld kann per Lastschriftverfahren abgezogen werden, was den Zwang zum regelmäßigen Sparen erhöht.

> **Tipp:** Wer noch zur Schule geht, kann über die Eltern einen Bausparvertrag starten. Ab dem Alter von 16 Jahren zahlt der Staat Wohnungsbauprämie. Azubis sollten sich nach vermögenswirksamen Leistungen erkundigen und einen VL-Sparplan mit guten Aktienfonds starten, wobei zusätzlich Arbeitnehmer-Sparzulage winkt. Berufsanfänger mit einer Festanstellung sollten sich für eine Riester-Rente interessieren und die Zulage mitnehmen oder alternativ eine Betriebsrente ansparen, zu der viele Chefs Geld dazugeben. Auf all diesen Wegen entsteht der Grundstock für ein eigenes Vermögen.

# 4 Private Vorsorge mit der Riester-Rente

Als Ersatz für die Kürzung der Ansprüche aus der gesetzlichen Altersrente bei der Rentenreform 2001/2002 bietet der Staat seit 2002 Zulagen, falls der Rentenversicherte die Lücke freiwillig durch private Vorsorge schließt. Die Initiative geht auf den früheren Bundesarbeitsminister Walter Riester zurück – daher die Bezeichnung Riester-Rente. Inzwischen haben 15,8 Millionen Deutsche einen Riester-Vertrag (Stand: November 2013).

## 4.1 Förderung und Mindesteigenbeitrag

Die Riester-Rente wurde nach einer Stufenleiter immer stärker gefördert. Seit 2008 werden Einzahlungen bis zu einer Höhe von 4 % des Bruttoeinkommens (Maximum: Beitragsbemessungsgrenze) des jeweiligen Vorjahres begünstigt (siehe Tabelle). Der Clou: Die Beiträge kommen aus unversteuertem Einkommen, verringern also das zu versteuernde Jahreseinkommen. Je höher die Anlagesumme, desto höher die Steuerersparnis – bis zu den genannten Höchstgrenzen.

**Die Riester-Förderung im Überblick**

| Förderung pro Jahr | Höhe (in Euro) |
|---|---|
| Zulage | bis 154,– |
| Kinderzulage[1] | 185,–[2] |
| Berufsanfänger bis 25 | einmalig 200,– |
| Sonderausgaben-Freibetrag | bis 2 100,–[3] |

1) Voraussetzung: Das Kind erhält auch Kindergeld.
2) Bei Geburt ab 2008: € 300,–.
3) Ehepaare das Doppelte.

# 4 | Private Vorsorge mit der Riester-Rente

> **Beispiel:** Ein Single ohne Kind spart 2013 bei einem rentenversicherungspflichtigen Brutto-Einkommen des Vorjahres (2012) in Höhe von € 40 900,– insgesamt € 1 636,– an (= 4 %). Damit hat er Anspruch auf die volle Grundzulage von € 154,–. Hier würde von Amts wegen eine zusätzliche Entlastung als Sonderausgabe (§ 10 a EStG) in Höhe von € 420,– gewährt. Macht einen Gesamtzuschuss des Staates von € 574,– für den Riester-Beitrag von insgesamt € 1 636,– pro Jahr – falls der Anleger insgesamt so viel auf die hohe Kante legt.

Ist der Sonderausgabenabzug günstiger als die Zulage – diese Prüfung nimmt das zuständige Finanzamt von Amts wegen vor –, wird die Steuerersparnis erstattet. Bei Ehegatten wird die Kinderzulage der Mutter zugeordnet, es sei denn, sie soll auf Antrag beider Eltern dem Vater zustehen.

Gefördert wurde ursprünglich jeder, der Pflichtbeiträge zur gesetzlichen Rentenversicherung zahlen muss. Das sind insbesondere Arbeitnehmer und alle pflichtversicherten Selbstständigen (darunter Handwerksmeister in den ersten 18 Jahren ihrer Selbstständigkeit). Inzwischen ist der Kreis der Begünstigten viel größer geworden: Selbst Beamte, die gar kein Geld in die Rentenkasse einzahlen, aber deren »Ruhegehälter« auch abgeschmolzen werden, haben Anspruch auf Riester-Rente.

## 4.2  Wie viel Geld man erwarten kann

Bezogen auf das Eigenkapital des Anlegers ist die Ausbeute nicht schlecht – falls das eigentliche Vorsorgeprodukt etwas taugt. Schon die reine Förderrendite ist überzeugend. Sie weist den Ertrag aus, der selbst dann zugunsten des Kunden entsteht, wenn die eigentliche Anlageform gar nichts, also 0 %, einbringen würde.

## Private Vorsorge mit der Riester-Rente | 4

**Förder-Rendite mit Riester[1)]**

| Bruttoeinkommen im Jahr[2)] (in Euro) | Abschluss-Alter | | | |
|---|---|---|---|---|
| | 40 | | 50 | |
| | 0 Kinder | 1 Kind[3)] | 0 Kinder | 1 Kind[3)] |
| Single | | | | |
| 20 000,– | 2,5 | 2,8 | 4,4 | 5,1 |
| 30 000,– | 3,0 | 3,0 | 5,2 | 5,0 |
| 40 000,– | 3,5 | 3,5 | 6,0 | 5,9 |
| 50 000,– | 4,1 | 4,0 | 6,9 | 6,7 |
| 100 000,– | 4,4 | 4,4 | 7,4 | 7,5 |
| Ehepaar, 1 Rentenversicherungspflichtiger | | | | |
| 20 000,– | 3,9 | 4,4 | 6,6 | 8,3 |
| 30 000,– | 2,4 | 2,7 | 4,1 | 4,9 |
| 40 000,– | 2,6 | 2,6 | 4,4 | 4,6 |
| 50 000,– | 2,8 | 2,8 | 4,8 | 4,8 |
| 100 000,– | 4,2 | 4,1 | 7,0 | 7,0 |

1) Förderrendite (Prozent) bei einer Anlagerendite des Riester-Produkts von 0 %; Laufzeit bis 65.
2) Bei Ehepaaren gemeinsames Einkommen berücksichtigt.
3) Kinderzulage für fünf Jahre berücksichtigt.

Insgesamt zeigt sich der Staat so spendabel, dass Riester-Verträge die Rendite vergleichbar sicherer Geldanlagen und Vorsorgeformen locker schlagen. Seit dem Start 2002 brachten Riester-Verträge – ohne Einrechnung der Förderung – im Schnitt

- 4,5 % Rendite bei Riester-Versicherungen,
- 7 % bei Riester-Fondssparplänen sowie
- 3 % bei Riester-Banksparplänen.

Diese Zahlenangaben beziehen sich auf die Vergangenheit und lassen keine verbindlichen Schlüsse auf die zukünftige Wertentwicklung zu.

## 4 | Private Vorsorge mit der Riester-Rente

## 4.3 Förderfähige Anlageformen

Gefördert werden nicht beliebige Geldanlagen, sondern nur staatlich zertifizierte Sparpläne mit monatlichen Einzahlungen in private Rentenversicherungen, Investmentfonds oder Banksparpläne – seit November 2008 zudem auch Riester-Darlehen (»Wohn-Riester«). Gegenüber klassischen Sparplänen gibt es einige besondere Anforderungen. So muss der Anbieter garantieren, dass der gesamte eingezahlte Beitrag zu Beginn der Auszahlungen im Rentenalter (zumeist mit 60, bei Abschluss ab 2012 erst ab 62) auch wirklich zur Verfügung steht. Zudem darf man sich das Kapital in der Regel nicht komplett zum Ende der Laufzeit auszahlen lassen, sondern maximal 30 %. Die Masse muss als nahezu konstante lebenslange Monatsrente ausgezahlt werden.

**Vorsicht:** Nur wenn alle Anforderungen an das Produkt erfüllt sind, gibt es ein staatliches Zertifikat, das man im Internet unter www.bzst.de überprüfen kann. Das ist jedoch kein staatliches Gütesiegel. Ein Vertrag mit Zertifizierungsnummer garantiert also nicht, dass der Anbieter die Leistungen in der versprochenen Höhe auch tatsächlich erbringen kann. Ob das Angebot lohnt, muss der Anleger vorher selbst durch Vergleich mehrerer Anbieter herausbekommen. Die Stiftung Warentest untersucht in regelmäßigen Abständen die Riester-Angebote.

## 4.4 Anlageformen im Vergleich

Natürlich leidet die Rendite der Riester-Rente in Zeiten niedriger Zinsen genau so wie alle anderen Geldanlagen und Lebensversicherungen. Die Stiftung Warentest hat 2012 einen ernüchternden Überblick über die Renditen gegeben, die sich jedoch bei steigenden Zinsen auch wieder verbessern.

Ergebnis:

- Riester-Banksparplan: 1 % Basiszins, samt Bonus rund 1,9 %,
- Riester-Fondssparplan: – 5,2 % bis + 4,9 %,
- Riester-Versicherungsrente: 1,75 % Garantiezins, samt Überschussbeteiligung 3,52 %.

Der Vergleich zwischen den einzelnen Riester-Anlageformen fällt nicht ganz leicht. Hier einige grundsätzliche Erkenntnisse aus Verbrauchersicht:

### 4.4.1 Riester-Banksparplan

Rund 5 % aller Riester-Angebote sind Bankspapläne. Viele Banken verdienen zu wenig daran. Dennoch ist das Produkt häufig gut:

- preiswert – so gut wie nie werden Abschlusskosten verlangt,
- flexibel und
- gut kalkulierbar sowie sehr sicher.

Dabei geht die Sicherheit nicht zulasten der Rendite. Die Renditeerwartung liegt selbst in der Niedrigzinsphase noch bei gut 1 % pro Jahr. Durch staatliche Zulagen und Steuerersparnis werden weitere Prozentpunkte an Rendite gewonnen, sodass am Ende mindestens 4 % zusammenkommen könnten. Genau vorhersagen kann die tatsächliche Rendite aber bei einem Riester-Banksparplan niemand, denn die Verzinsung hängt in erster Linie vom Zinsniveau am Zinsmarkt ab.

> **Tipp:** Für Anleger zwischen 40 und 50 empfehlen Verbraucherschützer Bankspapläne »mit Bonus bei zunehmender Laufzeit sowie stufenweise Zinserhöhung«. Besonders gegen Ende der Anlagedauer kann dann mit fast dem gesamten Kapital von hohen Zinsen und dem Zinseszinseffekt profitiert werden. Sparer über 50 Jahre sollten Riester-Bankspapläne auswählen, deren Verzinsung an die Umlaufrendite öffentlicher Anleihen gekoppelt ist.

# 4 | Private Vorsorge mit der Riester-Rente

Wichtig ist die Transparenz für den Kunden. Kostenvergleich ist erste Bürgerpflicht, um die Rendite zu optimieren. Zum Glück werden kaum Abschlusskosten fällig, und auch die jährlichen Verwaltungskosten sind mit häufig nur zwischen € 0,– und € 10,– pro Jahr sehr moderat. Beim Wechsel zu einem anderen Riester-Anbieter verlangen die meisten Banken zwischen € 0,– und € 30,– Gebühr, einige wenige Kreditinstitute € 100,– bis € 150,–. Von den bundesweit tätigen Banken bieten häufig diese Institute günstige Riester-Banksparpläne:

- Mainzer Volksbank,
- Sparkasse Paderborn-Detmold,
- Volksbank Gronau-Ahaus,
- Deutsche Skatbank.

> **Tipp:** In vielen Regionen gibt es gar keine Bank, die Riester-Banksparpläne anbietet. Zumeist wird man nur bei Sparkassen und Volksbanken fündig. Klappt das nicht vor Ort, ist es bei bundesweit tätigen Banken auch auf dem Postweg möglich: Fordern Sie die Unterlagen per Telefon oder online an und schicken sie diese per Postident-Verfahren zurück. Dazu gehen Sie mit den ausgefüllten Papieren zur Post und legen den Personalausweis vor. Die Post prüft und bestätigt dann Ihre Identität anhand des Ausweises.

## 4.4.2 Riester-Investmentfondssparplan

Rund 19 % aller Riester-Angebote sind Fondssparpläne. Perspektivisch könnten ausgerechnet die Riester-Fonds den VL-Aktienfonds (siehe hierzu Kapitel 3) den Rang ablaufen. Grund: Die Förderung über Riester-Fonds ist in jedem Fall höher. Zusätzlich gibts bei Riester-Verträgen den Schutz des Vermögens bei Langzeitarbeitslosigkeit. Da auch keine Einkommensgrenzen nach oben den Kreis der Anleger beschränken, sind gerade Besserverdiener besser gestellt als mit vermögenswirksamen Leistungen.

Und mit Riester-Aktienfondssparplänen ist eine größere Sicherheit als bei VL-Sparplänen gegeben: Sowohl die eingezahlten Beiträge bis zur Fördergrenze als auch die Zulagen sind zum Ende der Laufzeit garantiert. Damit sind diese »Garantiefonds« sehr sicher, sofern sie mit einem guten Ablaufmanagement drei Jahre vor ultimo gekoppelt werden.

Experten raten vom Berufseinstieg bis zum Alter von 40 Jahren zu einem reinen Aktienfonds-Sparplan. Grund: Für jüngere Leute sind längere Laufzeiten möglich, die die Chance auf hohe Rendite bei überschaubarem zeitlichem Risiko bieten. Das Börsenrisiko lässt sich über 20 bis 40 Jahre relativ sicher beherrschen. Für Anleger zwischen 40 und 50 empfehlen Verbraucherschützer Riester-Fondssparpläne, sofern noch ein reines Aktieninvestment möglich ist. Für Sparer über 50 Jahre beginnen mehrere Gesellschaften schon das sicherheitsbetonte Ablaufmanagement, obwohl der Kunde womöglich erst mit 65 die Riester-Rente beansprucht. Damit verpufft die Rendite-Chance und der Abschluss lohnt dann bei solchen Anbietern nicht mehr.

> **Tipp:** Die Beitragsgarantie gilt immer nur am Ende der vollen Laufzeit. Wer vorher aussteigt und zum Beispiel den Riester-Anbieter wechselt, muss damit rechnen, seine in schlechten Börsenzeiten aufgelaufenen Verluste auch zu realisieren. Daher ist es besser, das Börsentief im bisherigen Riester-Fonds zu belassen, also nicht zu wechseln.

Die Renditeerwartung liegt ja nach Fondsgesellschaft zwischen minus 5 % und plus 6 % pro Jahr – je nach Qualität des Fonds und dem Kapitalmarktumfeld für die jeweilige Anlageklasse, Region und Branche. Durch staatliche Zulagen und Steuerersparnis werden weitere Prozentpunkte an Rendite gewonnen, sodass am Ende mindestens 7 % zusammenkommen könnten. Genau vorhersagen kann die tatsächliche Rendite aber niemand, denn dies hängt in erster Linie vom Kursniveau an den Aktien- und Rentenmärkten ab, das zum Teil erheblich schwanken kann. Häufig bieten diese Fondsgesellschaften günstige Riester-Investmentfondssparpläne:

- Union Investment,
- DWS,
- Allianz Global Investors,
- Deka,
- Fidelity.

### 4.4.3 Riester-Versicherungsrente

Rund 69 % aller Riester-Angebote sind Rentenversicherungen. Die Versicherer kalkulieren als einzige Anbieter eine lebenslange Rente vom Rentenstart an. Zumeist werden Policen abgeschlossen, die klassisch ganz überwiegend in festverzinsliche Wertpapiere investieren. Damit ist das Vorsorgegeld genau so sicher wie bei jeder herkömmlichen Lebensversicherung angelegt. Streng genommen sogar noch etwas besser – durch die zusätzliche staatliche Förderung.

Alternativ zur klassischen Versicherungsrente gibt es die Möglichkeit, statt in festverzinsliche Wertpapiere in Investmentfonds zu investieren. Knapp 15 % aller Riester-Rentenversicherungen werden auf Fondsbasis abgeschlossen. Dabei übernimmt der Kunde das Anlagerisiko, indem er Beitrag und Förderung in Investmentfonds steckt. Damit entfällt die Mindestverzinsung der klassischen Rentenversicherung von 1,75 % pro Jahr (bei Abschluss ab 2012). Der Kunde genießt aber auch hier wie bei Riester-Fonds und Riester-Banksparplänen die Beitragsgarantie zu Auszahlungsbeginn; das Geld kann also zu diesem Zeitpunkt keine Verluste erleiden.

> **Tipp:** Beim Anbieterwechsel in den ersten fünf Jahren kann das eingezahlte Kapital auch bei Riester-Rentenversicherungen durch die relativ hohen Abschlusskosten nahezu vollständig verloren gehen. Daher ist es wichtig, von vornherein einen leistungsstarken Tarif bei einem »guten« Versicherer zu wählen, was einen späteren Wechsel überflüssig macht.

## Private Vorsorge mit der Riester-Rente | 4

Die Finanzkrise ab 2007 hatte den klassischen Riester-Versicherungsprodukten zunächst einen Aufwind beschert. Denn das Anlegergeld ist nicht verspekuliert und wird im Schnitt mit 1,75 Garantiezins plus zumeist 1,75 % bis 2,5 % Gewinnbeteiligung vergoldet. Macht 2013 also insgesamt häufig 4 % Rendite auf den Beitrag. Davon können Riester-Fonds nur träumen, die wiederum lediglich die Garantie einlösen mussten, dass zumindest Beitragseinzahlungen und Zulagen komplett erhalten sind, was einer 0-Prozent-Verzinsung entspricht. Ähnlich ist es bei fondsgebundenen Riester-Rentenversicherungen. Allerdings führt die anhaltende Niedrigzinsphase dazu, dass die Lebensversicherer ihre Überschüsse tendenziell weiter senken müssen, weil sie als Großanleger selbst für ihre Anlagen in festverzinsliche Papiere immer weniger Rendite bekommen. Im schlimmsten Fall bleibt Anlegern dann nur der Garantiezins.

Bei Riester-Versicherungen sind schon seit 2006 sogenannte Unisextarife gesetzlich vorgeschrieben. Das bedeutet: Gleichaltrige Frauen und Männer zahlen identischen Beitrag und erhalten identische Leistung – trotz statistisch sehr unterschiedlicher Lebenserwartung. Davon profitieren bei Riester-Rentenversicherungen Frauen, da sie für denselben Beitrag mehrere Jahre längere Rentenleistung bekommen. Umgerechnet schaffen die besten Anbieter eine Rendite zwischen 4 % und 4,9 % – bezogen auf ihren eingezahlten Beitrag –, hat das Software-Haus Morgen & Morgen beobachtet. Hinzu kommen weitere Renditepunkte durch die Verzinsung der Förderung.

Traditionell leistungsstarke Riester-Versicherungsrenten, die den Beitrag klassisch überwiegend in festverzinsliche Wertpapiere stecken, bieten:

- Alte Leipziger,
- HUK24,
- Hannoversche,
- Debeka.

## 4.5 Wie die Förderung konkret organisiert wird

Begünstigte Anleger suchen sich zunächst einen Anbieter aus, also eine Bank, Fondsgesellschaft oder einen Versicherer bzw. eine Bausparkasse oder einen anderen Wohnimmobilien-Finanzierer. Nachdem der Riester-Vertrag unterschrieben ist, hat der Anleger Anspruch auf eine jährliche Bescheinigung, die folgende Angaben enthalten muss:

- Höhe der im abgelaufenen Beitragsjahr geleisteten Beiträge,

- Summe der bis zum Jahresende gutgeschriebenen Zulagen,

- Summe der bis zum Jahresende geleisteten Beiträge insgesamt und den Stand des Riester-Kontos.

Um überhaupt Zulagen zu bekommen, erhalten Anleger von Ihrem Riester-Anbieter bei Vertragsabschluss oder nach Ablauf des ersten Beitragsjahres ein Antragsformular. Das müssen Sie ausgefüllt an die Bank, Fondsgesellschaft, den Versicherer oder Wohn-Riester-Finanzierer zurückschicken. Der Anbieter reicht den Antrag dann an das Zulagenamt weiter. Dort wird die konkrete Zulage errechnet und die Auszahlung an den Anbieter veranlasst. Der Anbieter hat die Zulagen unverzüglich dem Konto des Kunden gutzuschreiben. Das Verfahren ist vor einiger Zeit vereinfacht worden – es genügt ein einmaliger Dauerantrag auf Riester-Zulage. Nur Änderungen in den persönlichen Verhältnissen wie etwa die Geburt eines Kindes müssen bei vorhandenem Dauerantrag noch gemeldet werden.

> **Tipp:** Die Zulage muss innerhalb von zwei Jahren nach Ablauf des Beitragsjahres beantragt werden. Für das Jahr 2012 also spätestens bis zum Ende 2014. Dies gilt auch für alle diejenigen, die die steuerliche Förderung im Rahmen der Einkommensteuerveranlagung geltend machen wollen. Riester-Kunden bekommen bei der Einrichtung des Zulagendauerauftrages auch Hilfe von der Zulagenstelle im Internet (https://www.zfa.deutsche-rentenversicherung-bund.de) – unter anderem mit einem individuellen Zulagenrechner – sowie per kostenpflichtigem Servicetelefon (03381 / 21 22 23 24).

Viele Riester-Sparer glauben, sie bräuchten keinen Zulagenantrag zu stellen, weil sie stärker von einer Steuerersparnis als von der direkten Zulage profitieren. Dies stimmt aber nicht! Diese Steuerersparnis holt sich der Kunde mit der »Anlage AV« zur Einkommensteuererklärung.

Ehepartner einer geförderten Person können die Förderung ebenfalls erhalten, auch wenn sie für sich nicht zum Kreis der Begünstigten zählen würden, also nicht berufstätig sind. Somit können zum Beispiel auch Hausfrauen »riestern«. Voraussetzung: Beide Ehepartner werden gemeinsam steuerlich veranlagt und die Hausfrau schließt auf eigenen Namen einen Riester-Vertrag ab. Von eigenem Geld muss sie jedoch mindestens € 60,– pro Jahr einzahlen.

> **Tipp:** Auch für gute Tarife gilt, dass die vollständige Riester-Förderung mitgenommen werden sollte. Das klappt am besten mit einem Dauerzulagenantrag. Damit ist sichergestellt, dass Sie jedes Jahr auch tatsächlich den nötigen Eigenbeitrag laut aktuellem Einkommen einzahlen. Wer weniger als 4 % vom Bruttoeinkommen anspart, erhält eine entsprechend geringere Zulage.

## 4.6 Wohn-Riester

Rund 7 % aller Riester-Angebote sind Wohn-Riesterverträge. Neben Angeboten zum Aufbau für eine lebenslange Riester-Geldrente kann die Riester-Förderung auch zur Finanzierung einer selbst genutzten Immobilie eingesetzt werden. Wohn-Riester als eigenständige Riester-Förderung für das Eigenheim kann auf drei Wegen erfolgen:

- Riester-Bausparvertrag,
- Riester-Immobiliendarlehen,
- Riester-Kombikredit (aus Bausparvertrag und gleichzeitig beginnendem tilgungsfreien Darlehen).

Die Konditionen beim Wohn-Riester sind fast die gleichen wie für eine herkömmliche Immobilienfinanzierung – mit einem wesentlichen Unterschied: Für die Tilgung eines Riester-Darlehens bekommen Hauseigentümer Zulagen und Steuervorteile wie für einen Riester-Sparvertrag. Damit werden Baudarlehen direkt gefördert; der Kunde kann direkt Zulagen zur Tilgung von Darlehen bzw. einen entsprechenden Steuernachlass erhalten.

Vorgeschichte: Bereits seit 2002 können Riester-Sparer einen Teil des Kapitals zwischenzeitlich als Darlehen entnehmen, um den Erwerb von selbst genutztem Wohneigentum zu finanzieren (Altersvorsorge-Eigenheimbetrag). Das Kapital kann also nur ausgezahlt werden, wenn vorher die entsprechende Summe bereits angespart wurde. Zunächst muss man also Geld in die Riester-Vorsorge als Versicherung, Fonds- oder Banksparplan einzahlen. Dann lässt sich bei Bedarf das schon angesparte Kapital für gewisse Zeit zurückleihen, um selbst genutztes Wohneigentum anzuschaffen (Zwischenentnahme-Modell). Später muss das entnommene Kapital wieder aufs Riester-Konto zurückgezahlt werden, damit spätestens mit 65 wieder der volle Riester-Betrag zur Verfügung steht.

## Private Vorsorge mit der Riester-Rente | 4

Diese Förderung ist 2008 ausgeweitet worden: Das Riester-Konto darf nun vollständig geplündert werden, ohne bis zum Rentenbeginn wieder vollständig aufgefüllt werden zu müssen.

Die Förderung bei Wohn-Riester funktioniert jedoch anders als beim Sparplan oder der Versicherung. Zwar wird der Ertrag ebenfalls nachgelagert besteuert, also die Leistung im Alter. Frühestens vom 60., spätestens vom 68. Lebensjahr an müssen Wohneigentümer das Kapital versteuern. Die geförderten Beiträge werden dazu rechnerisch auf einem Wohnförderkonto verbucht und mit 2 % verzinst. Ab Rentenbeginn ist das Konto zu versteuern,

- entweder in gleichen Raten bis zum 85. Geburtstag
- oder auf einen Schlag bei Rentenbeginn mit einem Rabatt von 30 %.

>> **Beispiel:** Ein Mann (47) kauft Mitte 2011 ein Eigenheim und setzt in den folgenden 20 Jahren Wohn-Riester-Beiträge bis zur maximal geförderten Höhe von € 2 100,– pro Jahr zur Tilgung ein. Insgesamt zahlt er also bis zum Alter von 67 Jahren € 42 000,– ein, hinzu kommen rechnerisch 2 % Zinsen pro Jahr für 19 Jahre, also knapp € 10 000,–. Somit steht das fiktive Wohnförderkonto am 31. 12. 2030 bei € 51 025,– Guthaben. Ab 67 erfolgt dann die nachgelagerte Besteuerung.

Wenn alles gut geht und die Partnerschaft hält, steht zu Rentenbeginn eine schuldenfreie Immobilie zur Verfügung – und damit eine sehr solide Alterssicherung bei nahezu mietfreiem Wohnen. Nachteil: Wohn-Riester-Nutzer müssen die angeschaffte Immobilie mindestens 20 Jahre behalten oder das gebildete Kapital in anderes selbst genutztes Wohneigentum investieren, um die Förderung nicht zu verlieren.

Streit mit dem Finanzamt ist vorprogrammiert, wenn es zu Störfällen wie Scheidung, Tod, beruflich oder gesundheitsbedingtem Umzug oder dem Wunsch nach Hausverkauf kommt. Dann droht eine teure Nachversteuerung der Förderung. Glimpflich geht die Sache nur in Ausnahmefällen aus.

**Störfälle bei Wohn-Riester und die Folgen**

| Situation | Konsequenz |
| --- | --- |
| Aufgabe des Wohneigentums / Verkauf | Rettung der Förderung durch Einzahlung einer Summe in Höhe des Kontostandes auf dem Wohnförderkonto innerhalb eines Jahres in einen Riester-Sparvertrag. |
| Vorübergehender Auszug / Klinik | Sofortbesteuerung umgeht, wer spätestens nach einem Jahr wieder dort wohnt. |
| Tod des Begünstigten | Keine schädliche Verwendung, wenn Ehepartner die Wohnung weiternutzt. |
| Scheidung | Verkauf: Rettung der Förderung durch Verwendung einer Summe in Höhe des Kontostandes auf dem Wohnförderkonto innerhalb von vier Jahren für einen neuen Wohn-Riester-Vertrag; Weiternutzung: auch durch nicht geförderten Ex-Gatten. |
| Beruflich bedingter Umzug | Keine Sanktionen, wenn der Geförderte die Wohnung später wieder selbst nutzt und spätestens mit 67 einzieht. Zwischenzeitlich darf die Wohnung befristet vermietet werden. |
| Umzug in Senioren- oder Pflegeeinrichtung | Keine Sanktionen, wenn ein Betrag in Höhe des Wohnförderkontos innerhalb von vier Jahren nach Ende der Selbstnutzung für ein Dauerwohnrecht in Senioreneinrichtung eingezahlt wird. |

## 4.7 Lohnt der Abschluss auch noch mit 50?

Bei der Riester-Vorsorge sind Ältere nicht automatisch im Nachteil. Zehn Jahre Sparzeit sollten es aber möglichst noch sein. Die Riester-Rente kann bei Vertragsabschluss ab 2012 frühestens mit 62 ausgezahlt werden, ohne die Förderung wieder einzubüßen. In der Regel werden viele jedoch bis 65 einzahlen. Also kann der Einstieg auch mit 55 noch lohnen, im Einzelfall sogar noch später. Grund: So wird keine Grundförderung verschenkt. Gemessen am eigenen Geldeinsatz ist die Verzinsung gegenüber nicht geförderten Geldanlagen kaum zu übertreffen. Davon lassen sich in der Kürze der Zeit allerdings nur noch Mini-Zusatzrenten erwirtschaften.

**Höhe der Riester-Monatsrente für Späteinsteiger[1)]**

| Vertragsbeginn im Alter von | Frau (in Euro) | Mann (in Euro) | Erreichtes Kapital[2)] (in Euro) | Vergleichszins[3)] (in %) |
|---|---|---|---|---|
| 50 | 174,– | 200,– | 37 172,– | 6,68 |
| 51 | 158,– | 186,– | 33 570,– | 6,99 |
| 52 | 141,– | 166,– | 30 073,– | 7,33 |
| 53 | 128,– | 148,– | 26 677,– | 7,76 |
| 54 | 112,– | 129,– | 23 381,– | 8,25 |
| 55 | 97,– | 112,– | 20 180,– | 8,84 |
| 56 | 82,– | 84,– | 17 073,– | 9,54 |
| 57 | 68,– | 78,– | 14 056,– | 10,38 |
| 58 | 54,– | 62,– | 11 127,– | 11,37 |
| 59 | 41,– | 47,– | 8 284,– | 12,41 |
| 60 | 30,– | 35,– | 6 150,– | 14,11 |

Quelle: Verbraucherzentrale Bundesverband
1) Single mit € 25 000,– Bruttoeinkommen bei 3 % Zinsen pro Jahr nach Abzug der Inflation (auch 3 %); Einzahlung jährlich zum 1. 12., Förderung wird seit 2002 (Abschluss noch zu getrennt geschlechtlichen Tarifen) maximal ausgeschöpft und immer zum 1.6. des Folgejahres gutgeschrieben; ausbezahlte Steuervorteile mit 3 % angelegt.
2) In Euro zum 65. Geburtstag.
3) Zinsen für alternative Anlage (nach Abzug von 3 % Inflation), um das gleiche Kapital wie mit einem Riester-Vertrag aufzubauen.

Natürlich ist die Riester-Rente in erster Linie ein Angebot für die jüngeren Jahrgänge. Denn erst über längere Zeit kann sich der Zinseszinseffekt einer Geldanlage richtig entfalten und eine relativ hohe Ablaufleistung bringen. Der Einstieg mit 25 zum Beispiel brächte samt Förderung rund € 1 000,– Rente. Doch auch Minizusatzrenten der Älteren können interessant sein. Denn: Mit der Riester-Förderung können konventionelle Geldanlagen nicht mithalten. So würde ein vergleichbar hohes Kapital ohne Förderung erst durch eine Verzinsung von rund 12 % pro Jahr bei einem Banksparplan erreicht werden.

Auch für Spätstarter bei der Riester-Rente gilt es, einige Feinheiten im Vertrag vorher zu bedenken: Bei kurzer Laufzeit bis zur Rente sind Riester-Banksparpläne zu empfehlen.

Wenn die Höchstbeträge der staatlichen Förderung ausgenutzt werden können, lohnt ein Riester-Vertrag also auch für Ältere. Die Auszahlung zum Rentenstart erfolgt weitgehend nur als Monatsrente. Es ist nicht erlaubt, einen höheren Betrag auf einmal (Kapitalabfindung) abzuheben – etwa für eine Weltreise oder eine luxuriöse Kur. Ausnahme: Zu Rentenbeginn darf man sich einmalig bis zu 30 % des Gesamtguthabens auf einen Schlag auszahlen lassen. Der Rest wird dann in gleichbleibenden oder steigenden Monatsrenten überwiesen. Ab 85 muss das restliche Guthaben aller Anbieter in eine Privatrente umgewandelt werden.

> **Tipp:** Wer unzufrieden ist, kann den Anbieter wechseln. Das geht bei Riester-Verträgen so: Sie kündigen schriftlich mit einer Frist von maximal drei Monaten zum Ende des Quartals.

---

**Musterbrief:**

Sehr geehrte Damen und Herren,

hiermit kündige ich den Riester-Vertrag Nr. XXX
zum 31. Dezember 20... Das Kapital soll auf folgenden neuen Riester-Vertrag Nr. ... beim Anbieter ... übertragen werden.

Mit freundlichen Grüßen

---

## 4.8 Eingezahltes Geld ist sicher

Neben der Basisrente (siehe hierzu Kapitel 5) ist die Riester-Rente das letzte verbliebene Steuersparmodell für Normalverdiener. Die Anlage ist je nach Anlageform unterschiedlich sicher (Anlagerisiko), unterschiedlich teuer (Abschluss- und Verwaltungskosten) und so-

Private Vorsorge mit der Riester-Rente | **4**

mit unterschiedlich renditeträchtig, aber insgesamt wegen des gesetzlichen Rahmens doch sehr sicher. Beispiel: Jeder Anbieter muss gesetzlich garantieren, dass der gesamte eingezahlte Beitrag zu Beginn der Auszahlungen im Rentenalter, also zum planmäßigen Ende der Laufzeit Ihres Riester-Vertrags, auch wirklich zur Verfügung steht.

Es können auch keine rechtlich angreifbaren Riester-Produkte in Umlauf gebracht werden. Der Staat sorgt für die Zertifizierung aller Angebote und signalisiert damit, dass alle gesetzlichen Anforderungen an das Produkt erfüllt sind. Garantiert wird damit jedoch nicht, dass der Anbieter die Leistungen in der versprochenen Höhe auch tatsächlich erbringen kann.

Wer während der Laufzeit finanziell in Not gerät, hat eine weitere Sicherheit: Die Riester-Rente zählt bei späterer Bedürftigkeit und Beantragung von Arbeitslosengeld II oder Sozialhilfe zum Schonvermögen. Das Riester-Ersparte muss also nicht aufgezehrt werden, ehe es staatliche Finanzhilfe gibt. Kleine Einschränkung: Ab Beginn des Rentenalters endet dieser Schutz vor dem Zugriff des Staates. Wer als Geringverdiener später auf die Grundsicherung angewiesen ist (siehe hierzu Kapitel 2), dessen private Riester-Rente wird ebenso wie alle anderen Vermögensanlagen darauf angerechnet. Im Zweifel wird die angesparte Riester-Rente, die mit bis zu 90 % Staatsförderung aufgebaut wird, dann wieder »weggenommen«.

**Tipp:** Deutschland musste inzwischen die Auslandsbeschränkungen der Riester-Rente aufheben. Bereits 2009 hat der Europäische Gerichtshof entschieden, dass Rentner ihre Riester-Zulage nicht mehr zurückzahlen müssen, wenn sie ins Ausland ziehen. Und auch Grenzgänger und ihre Ehegatten können die Riester-Zulage bekommen, wenn sie nicht in Deutschland wohnen (Az. : C-269 / 07).

Allerdings besteht nur eine eingeschränkte Chance zur Vererbung der Riester-Rente (siehe hierzu Kapitel 12). Riester-Verträge können zwar vererbt werden, in vielen Fällen verlangt der Staat dann aber die Zulagen und steuerlichen Vorteile zurück (»schädliche Verwendung«); dann wird auch Erbschaftsteuer fällig.

# 5 Private Vorsorge mit der Basisrente

Die Basisrente ist vor allem ein Lockruf für Steuersparer. Dem sind seit der Geburt dieser noch jungen Vorsorgeform im Jahr 2005 rund 1,7 Millionen Anleger gefolgt (Stand: Ende 2012). Als Gründe gelten vor allem die verbesserte Regelung zum Pfändungsschutz und die steuerliche Attraktivität. Die Basisrente, auch Rürup-Rente nach ihrem Erfinder, dem Ökonomen Professor Bert Rürup genannt, ist eine spezielle Ausprägung der herkömmlichen privaten Rentenversicherung (siehe hierzu Kapitel 7), die jedoch auch von Banken und Fondsgesellschaften nachgebildet werden darf. Nachbilden heißt: Es muss sichergestellt werden, dass die Rente lebenslang fließt. Banken und Fondsgesellschaften zahlen traditionell nur so lange, bis das Guthaben aufgebraucht ist, haben für die Basisrente jedoch nachgebessert, meist in Kooperation mit einem Lebensversicherer.

## 5.1 Grundzüge der Förderung

Wie die Riester-Rentenversicherung ist die Basisrente nicht vererblich, nicht auf Dritte übertragbar. Anders als die Riester-Rente wird sie zu 100 % nur als Rente ausgezahlt – eine größere Auszahlung zu Rentenbeginn ist verboten! Tendenziell können Einzahlungen bis zu € 20 000,– pro Jahr aus unversteuertem Einkommen genutzt werden (2014: bis € 15 600,–). Es gibt also keine staatlichen Zulagen – wie bei der Riester-Rente –, sondern ausschließlich Steuervorteile, die so aussehen, dass ein Teil der Beiträge als Sonderausgaben steuerlich geltend gemacht werden kann. Das ist vor allem für Selbstständige interessant, die nicht rentenversicherungspflichtig sind. Die haben nämlich keine andere Möglichkeit, steuerbegünstigt und zugleich sicher für die Rente zu sparen. Sparer können 78 % der Beiträge dafür 2014 als Sonderausgaben geltend machen. Bis 2025 erhöht sich dieser Anteil bis auf 100 %.

# 5 | Private Vorsorge mit der Basisrente

**So viel Beitrag zur Basisrente bleibt steuerfrei**

| Jahr | Höhe der abzugsfähigen Aufwendungen (in %) | Höchstbetrag (in Euro) |
|---|---|---|
| 2013 | 76 | 15 200,– |
| 2014 | 78 | 15 600,– |
| 2015 | 80 | 16 000,– |
| 2016 | 82 | 16 400,– |
| 2017 | 84 | 16 800,– |
| 2018 | 86 | 17 200,– |
| 2019 | 88 | 17 600,– |
| 2020 | 90 | 18 000,– |
| 2021 | 92 | 18 400,– |
| 2022 | 94 | 18 800,– |
| 2023 | 96 | 19 200,– |
| 2024 | 98 | 19 600,– |
| ab 2025 | 100 | 20 000,– |

Wermutstropfen: Von diesen in der rechten Spalte genannten Jahresbeiträgen müssen jedoch die Beiträge zur gesetzlichen Rentenversicherung samt Arbeitgeberanteil abgezogen werden. Nur der Rest ist steuerlich abzugsfähig. Dennoch: Bei 30 % Steuersatz muss der Anleger tatsächlich nur rund zwei Drittel aufwenden.

> **Tipp:** Die Steuerbegünstigung des Beitrages steigt dabei schneller als die Steuerpflicht der Rente. Die Einzahlung spart unmittelbar Lohnsteuer – 2014 sind es 70 % – pro Jahr steigend auf 100 % im Jahr 2025. Die Besteuerung der Auszahlung erfolgt mit größeren Übergangsfristen (erst ab 2040 voll steuerpflichtig) als die steuerfreie Höhe der Einzahlungen (schon ab 2025 voll steuerfrei). Die Besteuerung geschieht nach identischen Regeln wie die Besteuerung der gesetzlichen Altersrente.

**Private Vorsorge mit der Basisrente** | **5**

### Steuerpflichtiger Anteil der Basisrente bei Auszahlung

| Jahr des Rentenbeginns | Steuerpflichtiger Anteil der Basisrente (in %) |
|---|---|
| 2013 | 66 |
| 2014 | 68 |
| 2015 | 70 |
| 2016 | 74 |
| 2017 | 72 |
| 2018 | 76 |
| 2019 | 78 |
| 2020 | 80 |
| 2025 | 85 |
| 2030 | 90 |
| 2035 | 95 |
| ab 2040 | 100 |

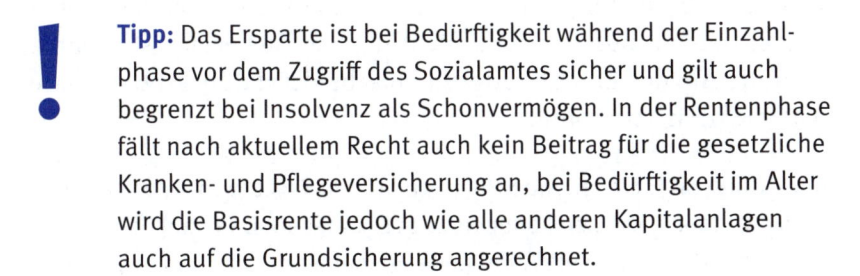

**Tipp:** Das Ersparte ist bei Bedürftigkeit während der Einzahlphase vor dem Zugriff des Sozialamtes sicher und gilt auch begrenzt bei Insolvenz als Schonvermögen. In der Rentenphase fällt nach aktuellem Recht auch kein Beitrag für die gesetzliche Kranken- und Pflegeversicherung an, bei Bedürftigkeit im Alter wird die Basisrente jedoch wie alle anderen Kapitalanlagen auch auf die Grundsicherung angerechnet.

**Beispiel:** So wird die Basisrente konkret besteuert: Ein Mann (derzeit 59) geht zum 1. 1. 2020 in den Ruhestand. Damit konform beginnt auch die Auszahlung seiner 2005 abgeschlossenen Basisrente. Der Versicherer stellt ihm eine jährliche Basisrente von € 3 600,– (= € 300,– pro Monat) in Aussicht. Geht diese Prognose auf, erfolgt die Besteuerung wie folgt: Von den € 3 600,– werden als Besteuerungsanteil bei Rentenbeginn 2020 genau 80 % zugrunde gelegt (= € 2 880,–). Diese Summe ist mit dem dann gültigen individuellen Einkommensteuersatz zu versteuern. Bei 25 % Steuersatz wären dies € 720,– pro Jahr.

# 5 | Private Vorsorge mit der Basisrente

## 5.2 Förderberechtigte Personen

Im Prinzip kann jeder Steuerpflichtige gefördert werden, der für sein Alter vorsorgen will, insbesondere Berufstätige. Je höher das Einkommen, desto größer die steuerliche Förderung. Reizvoll ist die Basisrente für eine unterschätzte Zielgruppe – leitende Angestellte kurz vor dem Ruhestand. Denn für sie ist der Besteuerungsanteil der Rente dauerhaft niedriger als der abzugsfähige Prozentsatz bei den Beitragszahlungen. Wer zum Beispiel 2014 in den Ruhestand geht, zahlt vom Renteneintrittsjahr an bis zum Lebensende auf 68 % seiner Rentenbezüge Steuern. Die Einzahlungen (bis € 20 000,– pro Jahr) sind jedoch 2013 zu 76 % steuerfrei.

Das ist ein Differenzgeschäft mit den Steuersätzen und damit ein wunderbares Steuersparmodell – was der Gesetzgeber bei anderen Produkten stets zu unterbinden versucht. Ideal ist die Basisrente auch für Selbstständige, die nicht in die gesetzliche Rentenversicherung einzahlen müssen. Doch nicht nur der Steuersatz ist wichtig. Auch die Art der Erwerbstätigkeit entscheidet darüber, ob und wie sich eine Basisrente lohnt.

》》 **Beispiel:** Ein leitender Angestellter mit € 120 000,– zu versteuerndem Jahreseinkommen 2013 rechnet so: Da er angestellt ist, zahlen er und sein Arbeitgeber gemeinsam rund € 13 154,– Gesamtbeitrag zur gesetzlichen Rentenversicherung. Davon sind € 9 997,– grundsätzlich Sonderausgaben (76 % von € 13 154,–). Der Arbeitnehmer kann davon nur € 3 420,– als eigene Sonderausgaben geltend machen, weil von den € 9 997,– Gesamtbeitrag zunächst der Arbeitgeberanteil von € 6 577,– abgezogen wird (€ 13 154,– geteilt durch zwei). Wenn der Angestellte mit einer Basisrente vorsorgen will, hat er dafür nicht mehr € 20 000,– zur Verfügung, sondern nur noch ein Volumen von € 6 846,–, weil ja bereits seine gesetzliche Rente gefördert wurde (€ 20 000,– minus € 13 154,–).

Von diesen € 6 846,– sind rund € 5 203,– als Sonderausgaben absetzbar (76 % von € 6 846,–). Das bedeutet 2013 für den leitenden Angestellten € 2 305,– weniger Einkommensteuer und Solidaritätszuschlag. Unternehmer profitieren aber deutlich mehr.

> **Tipp:** Wer die Kosten im Auge behält, wird an diesem Vertrag also durchaus Freude haben – falls er zur passenden Zielgruppe gehört. Nicht geeignet ist die Basisrente dagegen für junge Leute, die noch nicht wissen, wohin die Reise im Leben führen wird. Unpassend ist sie auch für Leute, die noch Kredite zu tilgen haben. Die jungen Anleger sollten sich nicht zu früh binden, und die älteren Semester sollten der Rückzahlung ihrer Schulden Priorität einräumen.

## 5.3 Wie viel Geld man erwarten kann

Bezogen auf das Eigenkapital des Anlegers ist die Ausbeute nicht schlecht – falls das eigentliche Vorsorgeprodukt etwas taugt. Zumeist handelt es sich dabei um Rentenversicherungen. Die Rendite auf den eingezahlten Beitrag beträgt je nach Anbieter zwischen 3 % und 4,5 % – trotz weltweit anhaltender Niedrigzinsphase.

> **Tipp:** Die Abschlusskosten liegen häufig bei 4 % bis 4,5 % der Beitragssumme. Wer die Angebote von traditionell preisgünstigen Versicherern wie Cosmos, Hannoversche, Europa, HUK-Coburg oder Debeka ins Visier nimmt, kann einen Großteil dieser Aufwendungen sparen und damit seine Rendite erhöhen.

## 5.4 Förderfähige Anlageformen

Seit dem Start 2005 konnten vor allem die Lebensversicherer punkten, die spezielle Basisrentenversicherungen auf den Markt gebracht haben. Dies sind ganz gewöhnliche Rentenversicherungen, die lediglich steuerlich anders behandelt werden als die klassische Privatrente (siehe hierzu Kapitel 7). Basisrentenversicherungen gibt es in zwei Formen:

- **Klassische Basisrente:** Kapitalanlage nach Art der Lebensversicherung in überwiegend sehr sicheren Anlageformen, mit garantierter Mindestverzinsung von 1,75 % und jährlicher Überschussbeteiligung der Kunden am Gewinn (90 % des Kapitalertrages gehen an Kunden).

- **Fondsgebundene Basisrente:** Kapitalanlage überwiegend oder ausschließlich in Investmentfonds verbunden mit höheren Chancen und Risiken bei der Kapitalanlage. Keine garantierte Mindestverzinsung und keine Überschussbeteiligung der Kunden am Gewinn des Versicherers. Allenfalls eine schwache Rentengarantie (es werden zum Beispiel € 30,- pro € 10 000,- Fondsguthaben versprochen).

Als dritte Spielart kommt neben der Basisrente gegen laufenden Beitrag auch noch eine sofort beginnende Basisrente in Betracht, in die der gesamte Beitrag auf einen Schlag eingezahlt wird und bei der im Gegenzug dann auch sofort die Auszahlungen beginnen, etwa ab dem 65. Geburtstag.

Auch Banken, Fondsgesellschaften, Finanzdienstleistungsinstitute sowie betriebliche Pensionsfonds und Pensionskassen dürfen seit 2007 Basisrenten anbieten (§ 10 Abs. 2 d EStG 2007). Praktisch gibt es bislang nur wenige Angebote. Grund: Gegenüber den Versicherern fällt es der Konkurrenz schwer, ein Auszahlungsmodell hinzubekommen, das in Form einer lebenslangen Leibrente an der gesetzlichen Rente angelehnt ist. Banken und Fondssparpläne kennen gewöhnlich nur den Kapitalerhalt (bei geringer Rente) oder vollständigen Kapitalverzehr nach bestimmter Zeit (hohe Rente). Staatliche Förderung erhalten Basisrentenkunden von Banken und Fondsanbietern aber nur, wenn eine lebenslange konstante Rente gezahlt wird. Manche Fondsgesellschaft bietet zumindest die Option einer Höchststandssicherung vom 55. Lebensjahr an (DWS). Aktiv bei Basisrenten sind jedoch in der Bankenwelt vor allem Volksbanken und Sparkassen.

> **Tipp:** Nur wenn alle Anforderungen an das Produkt erfüllt sind, gibt es ein staatliches Zertifikat für die Basisrente. Die Zertifizierung kann im Internet unter www.bzst.de nachgeprüft werden. Das ist jedoch kein staatliches Gütesiegel. Ein Vertrag mit Zertifizierungsnummer garantiert also nicht, dass der Anbieter die Leistungen in der versprochenen Höhe auch tatsächlich erbringen kann. Ob das Angebot lohnt, muss der Anleger vorher selbst durch Vergleich mehrerer Anbieter herausbekommen. Die Stiftung Warentest untersucht in regelmäßigen Abständen die Angebote von Basisrenten.

Ohne Zertifikat sind die Beiträge seit 2010 nicht mehr als Sonderausgaben absetzbar. Das Zertifikat ist für das Finanzamt der notwendige Hinweis, dass der Vertrag den steuerrechtlichen Anforderungen genügt. Hintergrund: Die Basisrente ist ein Spar- und Rentenplan. Die Einzahlungen sind Werbungskosten, die das Finanzamt seit 2010 genauer nachprüft.

## 5.5 Anlageformen im Vergleich

Da der Vergleich mit Angeboten von Banken und Fondsgesellschaften mangels Masse noch nicht lohnt, konzentriert sich alles auf Basisrenten der Lebensversicherer. Wer den geförderten Beitrag bei der Basisrente maximal ausschöpft und in die Basisversicherungsrente einzahlt, kann zwischen 3 % und 4,5 % Beitragsrendite nach Steuern schaffen. Allerdings gibt es deutliche Leistungsunterschiede.

# 5 | Private Vorsorge mit der Basisrente

Traditionell günstige Basisrentenversicherungen bieten Cosmos Direkt, Europa, HUK-Coburg, Debeka und Allianz. Die Versicherer bieten auch fondsgebundene Basisrentenversicherungen an, die naturgemäß riskanter sind, da der Beitrag in Investmentfonds statt in festverzinsliche Anlagen fließt. Zudem trägt der Kunde das Anlagerisiko, nicht der Versicherer. Auswertungen gibt es regelmäßig in Finanztest (www.test.de) und von Ratingagenturen.

### Die besten klassischen Basisrenten

| Versicherer | Tarif | Schulnote[1] |
| --- | --- | --- |
| Europa | Basis-Rente E-R 1B | 1,2 |
| HUK-Coburg | BRAGT | 1,3 |
| Debeka | BA6 | 1,4 |
| Hannoversche | HL-Basisrente (RB4) | 1,4 |
| Allianz | Allianz Basisrente Klassik | 1,5 |
| Cosmos | RBH | 1,5 |
| Volkswohl Bund | BSR | 1,6 |
| Continentale | R1B | 1,7 |
| HDI | Two Trust Klassik Basisrente | 1,7 |
| Hanse Merkur | Basis Care | 1,7 |
| R+V | Tarif LA | 1,7 |

Quelle: Institut für Vorsorge- und Finanzplanung; Stand: Dezember 2013
1) Gesamtnote nach 74 Kriterien, insbesondere Bewertung des Versicherers, Rendite, Flexibilität des Angebots und Transparenz.

**Tipp:** Bei schwachen Anbietern muss man bis zu einem Drittel weniger Leistung in Kauf nehmen. Interessierte sollten daher auch auf die Qualität der Versicherer selbst achten.

Die Rendite von rund 4 % ist mit anderen sicheren Anlageformen kaum zu erzielen. Es kommt jedoch auf die persönliche Situation an. Denn die Rendite kommt nur bei durchschnittlich hoher Lebensdauer von 85 Jahren zustande. Wer früher stirbt, ist nicht nur länger tot, sondern schneidet deutlich schlechter ab. Nach Ablauf einer möglichen Rentenweiterzahlung für die Erben (oft wird vertraglich die Option von fünf oder maximal zehn Jahren gewählt) bleibt das Restkapital beim Versicherer, der es für seine anderen Kunden einsetzt. Grund: Reine Vererbung ist eben nicht gestattet – analog zur gesetzlichen Altersrente.

## 5.6 Lohnt der Abschluss auch noch mit 50?

Das eben erwähnte Basisrentenrating des Instituts für Vorsorge- und Finanzplanung (IVFP) zeigt ganz nebenbei: Vor allem für Kunden ab 55 ist eine besonders rentable Vorsorge möglich, denn die gegenwärtige Übergangsregelung birgt einen äußerst positiven Steuereffekt. Die Differenz zwischen der Steuerentlastung des Beitrags und der Rentenbesteuerung beträgt zurzeit beachtliche 10 % (Stand: 2014). Zwischen 2020 und 2025 steigt die Differenz sogar noch bis auf 15 %. Wer generell über zu niedrige Zinsen auf seine Spareinlagen klagt, sollte sich den Steuer-Zins-Effekt bei der Basisrente berechnen lassen – hier sind noch Renditen von über 4 % möglich.

> **Tipp:** Das IVFP selbst bietet im Internet einen kostenlosen Tariffinder für Interessenten:
> www.einfach-mehr-vorsorge.de/tariffinder

Aber: Die Basisrente der Versicherer deckt die reine Altersleistung bis zum Tod ab. Dieses »Langlebigkeitsrisiko«, das keine Bank versichert, wird bei Abschluss mit 50 natürlich teurer als bei Abschluss beispielsweise mit 30, weil das Sterblichkeitsrisiko mit jedem Lebensjahr ansteigt und in den Monatsbeitrag einkalkuliert wird. Daher lohnt der Einstieg am meisten für junge Leute.

Anders ist es bei Besserverdienern, die auf jegliche Zusätze in der Versicherung verzichten. Da sind sogar Einmalbeitrags-Basisrentenversicherungen zu empfehlen, die das Finanzamt ebenfalls honoriert: Man zahlt den gesamten Beitrag auf einmal ein; der Versicherer rechnet das auf eine Monatsrente um und beginnt die Auszahlungen zum gewünschten Termin. Dies lohnt gerade für leitende Angestellte und Unternehmer kurz vor dem Ruhestand.

> **Beispiel:** Wer als Arbeitnehmer mit 60 Jahren € 40 000,– in eine sofort beginnende Basis-Rentenversicherung einzahlt, erhält im ersten Jahr bis zu € 145,– garantierte Monatsrente. Von Jahr zu Jahr steigt die Rente an. Rendite: knapp 4,5 % nach Steuern.

## 5.7 Besonderheiten bei Selbstständigen

Ideal ist die Basisrente auch für Selbstständige, die nicht in die gesetzliche Rentenversicherung einzahlen müssen und somit ihre Altersvorsorge individuell zusammenstellen können. Hier erfüllt die Basisrente, wie der Name andeutet, die Funktion der Grundrente. Ideal ist sie generell für Spitzenverdiener, die im lastenfreien Eigenheim wohnen, für den Ruhestand aber noch nicht ausreichend vorgesorgt haben. Die Absetzbarkeit der Prämien ist ein solides Steuersparmodell.

> **Tipp:** Nicht nur der Steuersatz ist wichtig. Auch die Art der Erwerbstätigkeit entscheidet darüber, ob und wie sich eine Basisrente lohnt. Ein Unternehmer zum Beispiel hätte 2013 ohne die Einzahlung in die Basisrente € 120 000,– zu versteuern. Nun zahlt er € 20 000,– in eine Basisrente. Davon drücken € 15 200,– (76 % von € 20 000,–) das zu versteuernde Einkommen. Der Unternehmer spart so rund € 6 735,– an Steuern und Solidaritätszuschlag.

Unter den gleichen finanziellen und persönlichen Bedingungen wie ein leitender Angestellter kann ein Unternehmer also fast dreimal so viel Steuern sparen wie der Angestellte.

Für Unternehmer gibt es allerdings Einschränkungen bei einer Insolvenz: Der Pfändungsschutz bei der Basisrente erstreckt sich nur auf eine pfändungsfreie Kleinrente in Höhe des Sozialhilfesatzes und ist damit weitgehend eine Mogelpackung. Der Gesetzgeber hat sich offenbar den Grundsatz zu eigen gemacht, dass bei Selbstständigen alles pfändbar sein muss, was den Sozialhilfesatz übersteigt. Der pfändungsfreie Wert ist sehr niedrig. Wer etwa mit 54 Jahren Insolvenz anmeldet und ab 55 Jahren eine Basisrente aufbauen möchte, darf fünf Jahre lang je € 8 000,– sowie weitere sechs Jahre je € 9 000,– einzahlen – falls er sich das überhaupt leisten kann. Die Rente, die sich aus diesen pfändungsfreien Einzahlungen ergibt, dürfte unterm Strich jedoch kaum die Miete decken, da die Altersvorsorge häufig nur das Niveau des Existenzminimums erreichen wird.

Zum bösen Erwachen kann es in der Auszahlungsphase auch kommen, wenn Unternehmer Schulden drücken. Die Basisrente ist – zusammengerechnet mit anderen betrieblichen, privaten und gesetzlichen Renten – nur im Rahmen des pfändungsfreien Existenzminimums bei Insolvenz und Pfändung geschützt – wie Arbeitseinkommen.

Es kann noch schlimmer kommen: Gläubiger dürfen auch künftige Ansprüche pfänden, sodass der Versicherungskunde im schlimmsten Fall selbst aus der Basisrente gar nichts ausgezahlt bekommt. Das Kündigungsrecht der Basisrente kann auch durch den Insolvenzverwalter oder Gläubiger ausgeübt werden. Der Versicherer muss dann den Zeitwert auszahlen – trotz anderslautender Regelungen im Versicherungsvertrag.

## 5.8 Eingezahltes Geld ist sicher

Die Anlage ist je nach Anlageform unterschiedlich sicher (Anlagerisiko), unterschiedlich teuer (Abschluss- und Verwaltungskosten) und somit unterschiedlich renditeträchtig, aber insgesamt wegen des gesetzlichen Rahmens doch sehr sicher. Beispiel: Jeder Anbieter muss gesetzlich garantieren, dass der gesamte eingezahlte Beitrag zu Beginn der Auszahlungen im Rentenalter, also zum planmäßigen Ende der Laufzeit Ihres Vertrages, auch wirklich zur Verfügung steht.

Falls der Versicherer in Schieflage geraten sollte: Seit Mitte 2006 gibt es für die Kunden deutscher Lebensversicherer einen gesetzlich geregelten Insolvenzschutz für den Fall der Zahlungsunfähigkeit des Versicherers: Die als Selbsthilfeeinrichtung gegründete Protektor AG hat die Funktion eines Sicherungsfonds. Dadurch sind auch alle Versicherer-Basisrenten sicher. Kunden müssten leichte Einbußen im Insolvenzfall fürchten: Protektor dürfte im Notfall die Ansprüche der Versicherten pauschal um 5 % kürzen, wenn die Bundesanstalt für Finanzdienstleistungsaufsicht (BaFin) dies für geboten hält – etwa, weil gleich mehrere große Versicherer Pleite gehen, was im Gegensatz zu Banken sehr unwahrscheinlich ist.

Falls Unternehmer selbst in finanzielle Not geraten, können die eigenen Ansprüche auf Basisrente allerdings gepfändet werden.

# 6 Betriebliche Altersversorgung

Arbeitnehmer können frohlocken. Häufig gibt es zusätzlich zu Lohn bzw. Gehalt auch eine zusätzliche Vergütung für das Alter (Betriebsrente). Entweder spendiert die Firma einen bestimmten Betrag (Arbeitgeberfinanzierung) oder der Mitarbeiter zweigt die Einzahlung auf das Betriebsrentenkonto vom eigenen Lohn bzw. Gehalt ab (Entgeltumwandlung).

> **Tipp:** Nicht nur die privat angesparte Riester- oder Basisrente wird staatlich gefördert, sondern für Arbeitnehmer auch drei Formen der Betriebsrente: Direktversicherung, Pensionskasse und Pensionsfonds. Hier ist die Förderung sogar noch ein bisschen höher (§ 3 Nr. 63 EStG). Während bei der Riester-Rente 4 % des individuellen Bruttoeinkommens pro Jahr eingezahlt werden dürfen, sind es bei der betrieblichen Altersversorgung 4 % der Beitragsbemessungsgrenze West für das Jahr. Das bedeutet: Für 2014 kann jeder Arbeitnehmer bundeseinheitlich maximal € 2 856,– vom Jahreseinkommen in einen betrieblichen Vorsorgevertrag einzahlen, ohne dafür Lohnsteuer und Sozialversicherungsbeitrag zahlen zu müssen. Zusätzlich sind weitere € 1 800,– Beiträge vom Gehalt steuerfrei in Betriebsrente umwandelbar; dafür sind dann aber Sozialversicherungsbeiträge fällig.

Alternativ können Arbeitnehmer aber auch die Riester-Förderung (bis € 2 100,– pro Jahr) über den Betrieb mitnehmen. Vorteil: Angebote können kostengünstiger sein, da betriebliche Versorgungswerke sich oft mit geringeren Verwaltungskosten zufriedengeben. Schwerer wiegen jedoch die Nachteile: Es ist keine direkte Förderung für Ehegatten möglich. Und auf betrieblich angesparte Riester-Rente müssen gesetzlich Kranken- und Pflegeversicherte im Alter Beitrag zahlen (bei privat abgeschlossener Riester-Rente nicht).

# 6 | Betriebliche Altersversorgung

## 6.1 Fünf Formen der Betriebsrente mit Vor- und Nachteilen

Einen Königsweg in der betrieblichen Altersversorgung gibt es nicht; alle fünf Wege haben Vor- und Nachteile. Was für den Arbeitgeber ein Vorteil ist, kann für den Arbeitnehmer durchaus ein Nachteil sein. Klar ist: Der Arbeitgeber muss mindestens eine betriebliche Versorgungsform anbieten – welche, darf er entscheiden.

**Fünf Formen der Betriebsrente im Vergleich**

| Kriterium | Direktzusage | Unterstützungskasse | Direktversicherung | Pensionskasse | Pensionsfonds |
|---|---|---|---|---|---|
| Träger | Arbeitgeber | Verein, GmbH | Versicherer | Versicherer | AG oder VVaG |
| Förderfähig (§ 3 Nr. 63 EStG)? | nein | nein | ja | ja | ja |
| Wie viel aus unversteuertem Lohn | unbegrenzt | unbegrenzt | bis 4 %[1] | bis 4 %[1] | bis 4 %[1] |
| Flexible Entgeltumwandlung? | ja | nein | nein | ja | ja |
| Kosten für Insolvenzversicherung? | ja | ja | nein | nein | ja |
| Besteuerung Einzahlungen | nein | nein | nein[2] | nein[2] | bis 4 %[1] steuerfrei |
| Besteuerung Auszahlungen | ja | ja | ja[3] | ja | ja |
| Sozialversicherungsbeitrag des Arbeitnehmers | nein (bis 4 %[1]) | nein (bis 4 %[1]) | nein (bis 4 %[1]) | nein (bis 4 %[1]) | nein (bis 4 %[1]) |

1) Der Beitragsbemessungsgrenze (2014: € 2 856,–).
2) Bei Abschluss ab 2005.
3) Bei Abschluss vor 2005 und bei Kapitalabfindung nach § 40 b EStG: nein.

Zunächst sollte jeder Angestellte seine staatliche Renteninformation genau lesen, die jedes Jahr von der DRV-Bund zugeschickt wird. Häufig haben Durchschnittsverdiener nicht mehr als € 800,– zu erwarten. Die Versorgungslücke sollte langfristig privat geschlossen werden – durch Geldanlagen, Wohneigentum, Kapitalversicherungen oder – Privileg von Angestellten – eine Betriebsrente. Vorzug haben staatlich geförderte Produkte, weil nicht alles aus eigener Tasche zurückgelegt werden muss. Insbesondere Lebensversicherung, Wohneigentum und Betriebsrenten lohnen. Fragen Sie Ihren Chef nach Angeboten einer Betriebsrente.

## 6.2 Am besten: Rente vom Chef

In Deutschland besitzen knapp zwei von drei sozialversicherungspflichtig beschäftigten Arbeitnehmern Ansprüche auf eine Betriebsrente, Tendenz leicht steigend. Früher bezahlten die Unternehmen diese freiwillige Sozialleistung komplett aus eigener Tasche. Diese segensreichen Zeiten sind lange vorbei. Heute werden meist nur noch in großen Unternehmen Angebote einer vom Arbeitgeber allein finanzierten Betriebsrente für die Masse der Arbeitnehmer gemacht. Höhe: im Schnitt € 411,– pro Monat. Die Rente vom Chef ist wegen der Kosten ein Auslaufmodell – außer für Führungs- und Fachkräfte. Unterm Strich liegt der Anteil der Betriebsrenten an den gesamten Rentenbezügen in Deutschland erst bei 4 %.

Falls der Arbeitgeber eine Betriebsrente spendiert, ist dies im Arbeitsvertrag, der Betriebsvereinbarung oder im Tarifvertrag geregelt. Mit einer Betriebsrente ist man immer gut dran. Sie stockt die Altersbezüge im Schnitt um € 250,– pro Monat auf. In den Genuss kommen derzeit rund fünf Millionen Beschäftigte. Dafür müssen die Firmen insgesamt fast 10 % der Mittel aufbringen, die für Lohn und Gehalt gezahlt werden. Rezession, verschlechterte steuerliche Rahmenbedingungen für die Unternehmen und steigende Kosten für die Betriebsrente haben den Spielraum allerdings in den letzten Jahren überall erheblich eingeengt. Folge: Viele Firmen geben Neueinsteigern keine Versorgungszusage mehr fürs Alter.

# 6 | Betriebliche Altersversorgung

> **Tipp:** Fragen Sie trotzdem danach. Denn um Fachkräfte zu halten, wird im Einzelfall doch hin und wieder auch in kleineren Firmen durchaus eine Betriebsrente spendiert. Üblich ist die Beitragszusage mit Mindestleistung. Sie liegt vor, wenn der Arbeitgeber sich verpflichtet, Beiträge an einen Pensionsfonds, eine Pensionskasse oder eine Direktversicherung zu zahlen und der Arbeitnehmer die sich daraus ergebende Versorgungsleistung erhält. Dabei übernimmt der Arbeitgeber die Garantie, dass zur Altersversorgung mindestens die Summe der eingezahlten Beiträge zur Verfügung steht.

Beitragsanteile, die zur Finanzierung vorzeitiger Todesfall- oder Berufsunfähigkeitsleistungen verwendet werden, sind von der Mindestleistung abzuziehen. Für die Direktzusage und die Unterstützungskasse ist die Beitragszusage mit Mindestleistung gesetzlich nicht zugelassen. Fragen Sie im Zweifel in der Personalabteilung.

## 6.3 Am zweitbesten: Entgeltumwandlung des eigenen Lohns

Zumeist führt der Weg zu einer Betriebsrente nur darüber, dass Arbeitnehmer auf einen Teil ihres Barlohns verzichten und diesen Teil in eine betriebliche Altersversorgung investieren (Entgeltumwandlung). Um den Anreiz für Entgeltumwandlung zu stärken, wurde 2002 ein Rechtsanspruch eingeführt, verbunden mit staatlicher Förderung. Wer von seinem Gehalt über die Firma in eine Direktversicherung, Pensionskasse und einen Pensionsfonds einzahlt, muss für diese Einzahlungen keine Lohnsteuer und keinen Sozialversicherungsbeitrag zahlen (§ 3 Nr. 63 EStG).

Hier ist die Förderung so ähnlich wie bei der Riester-Rente. Während bei der Riester-Rente jedoch starr 4 % des individuellen Bruttoeinkommens pro Jahr eingezahlt werden dürfen (§ 10 a EStG), sind es bei den genannten Formen der betrieblichen Altersversorgung 4 % der dynamisch wachsenden Beitragsbemessungsgrenze West für das laufende Jahr. Das bedeutet: Für 2014 kann jeder Arbeitnehmer maximal € 2 856,– vom Jahreseinkommen in einen betrieblichen Vorsorgevertrag einzahlen, ohne dafür Lohnsteuer und Sozialversicherungsbeitrag zahlen zu müssen.

Die rund 18 Millionen Arbeitnehmer wandeln im Schnitt € 1 200,– Entgelt pro Jahr um. Aus diesen umgerechnet € 100,– Monatsbeitrag kommen bei einem 45-Jährigen nach 20 Jahren rund € 190,– Rente aus der Direktversicherung heraus – vor Steuern und Sozialversicherungsbeitrag. Frühester Auszahlungstermin für Betriebsrenten ist der 60. Geburtstag – bei Abschluss ab 2012 der 62. Geburtstag. In aller Regel fällt der Start für die Auszahlungen der Betriebsrente mit dem regulären Beginn des Ruhestandes zusammen.

> **Tipp:** Besonders gut dran sind mit der Entgeltumwandlung privat Krankenversicherte. Die Leistungen stehen dem Betriebsrentner nicht in voller Höhe zu, sondern unterliegen der individuellen Einkommensteuer (über die Steuererklärung). Zudem müssen gesetzlich Kranken- und Pflegeversicherte seit 2004 den vollen Beitragssatz aus ihrer Betriebsrente in die Kranken- und Pflegeversicherung einzahlen. Privat krankenversicherte Betriebsrentner haben diesen Abzug nicht.

## 6.4 Direktversicherung als beliebtester Weg

Eine Direktversicherung ist nichts anderes als eine klassische Kapital-Versicherung – entweder als Lebens- oder als Privatrenten-Versicherung. Sie kann jedoch nicht von jedem Mitarbeiter individuell abgeschlossen werden, sondern muss zwingend über die Firma laufen.

# 6 | Betriebliche Altersversorgung

## Direktversicherung – was ist das?

| Frage | Antwort |
|---|---|
| Was? | Kapitalversicherung, die der Arbeitgeber einrichtet. Versicherte Person ist der Arbeitnehmer. Bezahlt wird entweder vom Betriebsgewinn oder vom Gehalt des Angestellten (Entgeltumwandlung). |
| Vorteile? | Der Chef kann den Beitrag als Betriebsausgabe geltend machen. Für Arbeitnehmer sozialversicherungsfrei (bis € 2 856,– Jahresbeitrag; Stand 2014). |
| Wie viel? | Der steuerfreie Jahresbeitrag darf 2014 höchstens € 4 656,– pro Person betragen (€ 2 856,– + € 1 800,–). |
| Wie lange? | Die Laufzeit muss wenigstens bis zum 60. Lebensjahr reichen (bei Abschluss ab 2012 mindestens bis 62). |
| Was ist anders? | Der Arbeitnehmer darf die Versicherung nicht beleihen oder als Sicherheit benutzen, aber bei Jobwechsel zum neuen Betrieb mitnehmen. |
| Wie geht es weiter? | Bis zum Schluss gilt Förderung nach § 3 Nr. 63 EStG, also die sozialversicherungs- und steuerfreie Einzahlung, mit Rentenbeginn dann die volle sozialversicherungspflichtige Auszahlung mit voller Besteuerung. |

Eine Direktversicherung hat sich schon in der Vergangenheit für den Angestellten stets besser als jede auf eigene Faust gekaufte Lebensversicherung gerechnet, denn der Staat gibt Nachlass auf Einkommensteuer und Sozialabgaben. Traditionell gute Angebote an Renten-Direktversicherungen haben die Lebensversicherer Cosmos Direkt, Debeka, Swiss Life und Hannoversche parat.

## 6.5 Pensionskassen in der Warteschleife

Eine Alternative zur Direktversicherung sind Pensionskassen. Dabei handelt es sich überwiegend ebenfalls um Versicherer, die auch der Versicherungsaufsicht unterliegen und ebenfalls vorsichtig in der Kapitalanlage vorgehen müssen (maximal 30 % Aktienanteil). Die Einzahlungen können sogar auf die wirtschaftliche Situation der Firma und des einzelnen Mitarbeiters Rücksicht nehmen – es sind jährlich wechselnde und sogar fallende Beiträge möglich. Das erlaubt dem Arbeitnehmer, jedes Jahr neu zu entscheiden, ob und in welcher Höhe er in seine Pensionskasse einzahlen möchte. Am Ende gibt es eine monatliche Rente von der Firma.

Derzeit gibt es 148 Pensionskassen, von denen etwa 40 für alle Firmen geöffnet sind – zumeist Neugründungen von Versicherern seit 2002. Dennoch sind Pensionskassen inzwischen von der Direktversicherung in die Warteschleife gedrängt worden. Grund: Seit 2005 wird die Direktversicherung genauso gut gefördert wie die Pensionskassen schon seit 2002 (§ 3 Nr. 63 EStG). Doch die Gesamtverzinsung der jüngeren Pensionskassen ist 0,5 Prozentpunkte schlechter – wegen der Anlaufkosten. Damit sind Direktversicherungen aus Kundensicht oftmals günstiger. Traditionell gute Angebote an Pensionskassen-Rentenversicherungen haben die Sparkassen-Pensionskasse, Optima und Metallrente parat.

> **Tipp:** Neben den neuen Pensionskassen der Lebensversicherer bestehen zum Teil bereits seit 100 und mehr Jahren traditionelle Pensionskassen, die sich von vornherein auf ein Unternehmen (Firmen-Pensionskassen) oder eine Branche (Branchen-Pensionskassen) beschränken. Traditionell günstig schneiden dabei der BVV Versicherungsverein des Bankgewerbes, die Dresdner Pensionskasse, die Pensionskasse für die Deutsche Wirtschaft sowie die Kölner Pensionskasse ab.

## 6.6 Wenn der Job gewechselt wird

Ansprüche auf Betriebsrente ziehen im Prinzip zum neuen Arbeitgeber mit um. Im Einzelfall kann es jedoch zu Problemen kommen, vor allem dann, wenn der Firmenchef die von ihm bezahlte Zusage widerruft, weil der Arbeitnehmer nur kurzzeitig in der Firma gearbeitet hat. Früher galt: Die Betriebsrente ist erst unwiderruflich sicher, wenn der Job frühestens ab dem 30. Geburtstag gewechselt wird und die Zusage zu diesem Zeitpunkt mindestens fünf Jahre bestanden hat. Seit 2009 gilt diese sogenannte Unverfallbarkeitsfrist schon ab dem 25. Geburtstag. Auch hier muss allerdings die Zusage

## 6 | Betriebliche Altersversorgung

auf Betriebsrente schon mindestens fünf Jahre bestanden haben, ehe der Mitarbeiter die Firma verlassen kann, ohne seine Ansprüche auf Betriebsrente einzubüßen.

Viel komfortabler ist die Situation, wenn der Arbeitnehmer die Betriebsrente aus eigenem Einkommen anspart und dazu Teile seines Entgelts umwandelt (Entgeltumwandlung): Dann sind die Ansprüche stets sofort sicher (unverfallbar), also im Extremfall auch bei einem Jobwechsel schon nach der ersten Einzahlung.

Für Neuabschlüsse von Betriebsrenten seit 2005 gilt weiterhin für den »Umzug«: Ansprüche bei der betrieblichen Altersversorgung müssen »wertgleich« zum neuen Arbeitgeber mit umziehen. Wertgleich heißt: Beim Wechsel dürfen Kosten die Rente nicht über Gebühr schmälern. Was wertgleich ist, beschäftigt noch die Gerichte. Klar ist: Lebensversicherer und Pensionskassen haben Übertragungsabkommen getroffen, damit Arbeitnehmer nicht beim Jobwechsel mit ihrer Betriebsrente im Regen stehen. Die Übertragung der Betriebsrente vom alten auf den neuen Arbeitgeber wird de facto immer wertgleich vollzogen, sofern es sich um Einzahlungen in die drei versicherungsförmigen, extern organisierten Wege der betrieblichen Altersversorgung (Direktversicherung, Pensionskasse oder Pensionsfonds) handelt. Auf freiwilliger Basis ist die Mitnahme bei Einvernehmen aller Beteiligten (alte Firma, Arbeitnehmer und neue Firma) auch für Ansprüche aus Direktzusage und Unterstützungskasse möglich.

> **Tipp:** Bei Unstimmigkeiten zur Betriebsrente sollten Arbeitnehmer ihren Chef ansprechen, sich im Zweifel beim Betriebsrat informieren oder einen spezialisierten Rechtsanwalt einschalten. Rechtsberatung ist für Gewerkschaftsmitglieder kostenlos. Wer im Besitz einer Rechtsschutzversicherung ist, kann mit der Übernahme der Anwalts- und Prozesskosten rechnen, wenn der Baustein »Berufsrechtsschutz« mitversichert ist; der beinhaltet auch Streitfälle zur Betriebsrente.

## 6.7 Wie sicher ist meine Betriebsrente?

Betriebliche Altersversorgung bleibt auch in Zeiten der Finanz- und Wirtschaftskrise ein sicheres Pfand. So werden vom Arbeitgeber finanzierte Betriebsrenten auch dann ausgezahlt, wenn der ehemalige Chef insolvent ist. Betriebsrente aus Entgeltumwandlung ist ebenfalls sicher, da sie allein aus dem Gehalt des Arbeitnehmers finanziert und in einem gesonderten Kapitalstock angesammelt wird. Zudem sichert die Mindestverzinsung eine kontinuierliche, wenn auch geringe Wertsteigerung, die auch der gesetzlich vorgeschriebenen vorsichtigen Anlagestrategie bei Versicherungen und Pensionskassen zuzuschreiben ist.

Der Schutz der Betriebsrente bei einer Pleite des Arbeitgebers geschieht auf unterschiedlichen Wegen, da die Betriebsrente auf fünf unterschiedlichen Wegen angespart werden kann (siehe hierzu Kapitel 6.1). Arbeitgeber, die Direktzusagen oder Unterstützungskassen anbieten, müssen Mitglied im Pensionssicherungs-Verein werden. Diese durch Beiträge der Arbeitgeber finanzierte Selbsthilfeeinrichtung der Wirtschaft übernimmt die Rentenzahlung, wenn das Unternehmen nicht mehr zahlungsfähig ist. Dazu zählt die Versorgung aller Arbeitnehmer, die Anspruch auf eine insolvenzgeschützte Betriebsrente haben; auch die Ansprüche künftiger Betriebsrentner. Die monatlichen Leistungen sind auf maximal das Dreifache der Bezugsgröße (§ 18 SGB IV) begrenzt. 2014 entspricht dies € 8 295,– Höchstrente pro Monat vom Unternehmen (Ostdeutschland: € 7 035,–).

> **Tipp:** Es sind aber nicht alle Arten von Betriebsrenten über den Pensionssicherungs-Verein gesichert: Die Insolvenzumlage springt für unverfallbare Ansprüche aus Direktzusagen, Unterstützungskassenverträgen, Pensionsfonds oder Direktversicherungen mit widerruflichem Bezugsrecht ein. Bei dem gebräuchlicheren unwiderruflichen Bezugsrecht von Direktversicherungen wird der Vertrag privat fortgeführt oder zum neuen Arbeitgeber mitgenommen.

## 6 | Betriebliche Altersversorgung

Wenn Betriebsrente außerhalb der Firma des Arbeitgebers angelegt, also extern bei Direktversicherungen, Pensionskassen und Pensionsfonds angespart wird, bleiben die Leistungen bei einer Pleite des Arbeitgebers ungeschmälert bestehen, da sie nicht zum Vermögen des Arbeitgebers gehören. Als Anlageformen unterliegen diese Anbieter wie die Lebensversicherer der Kontrolle der Bundesanstalt für Finanzdienstleistungsaufsicht (BaFin). Dadurch ist sichergestellt, dass die Institute die gesetzlichen Vorschriften bei der Kapitalanlage einhalten und genügend Rücklagen bilden, um jederzeit die vertraglich zugesagten Betriebsrenten auszahlen zu können.

Bei Pleite eines Direktversicherers würde in aller Regel die Auffanggesellschaft Protektor einstehen, ebenso bei Versicherer-Pensionskassen. Bei klassischen Firmen-Pensionskassen gilt: Bei Schieflage ist das Geld der Kunden nicht immer in voller Höhe abgesichert, denn der Pensionssicherungs-Verein ist nicht zuständig. Die meisten Firmen-Pensionskassen haben freiwillig die sogenannte Regulierung gewählt, lassen also stets ihre Tarife und Geschäftspläne von der BaFin prüfen und genehmigen. Im Zweifel müssten Leistungen gesenkt und Beiträge erhöht werden. In jeder Satzung sind solche Sanierungsklauseln verankert, deren Anwendung wiederum von der BaFin zu genehmigen ist. In der Vergangenheit mussten Firmen-Pensionskassen schon Beiträge erhöhen oder die Rente zeitweise kürzen. Theoretisch soll dadurch eine Pleite gar nicht möglich sein, zumal ja immer wieder neue Beiträge bei den Kassen eingehen.

# 7 Versicherungen als elementare Risikovorsorge

Nichts ist für die Ewigkeit. Von Zeit zu Zeit zwingt das Leben dazu, erneut den Versicherungs-Check anzustellen. Jede neue Gesundheits- oder Rentenreform reißt größere Löcher ins soziale Netz und bringt letztlich Einbußen bei der gesetzlich vorgeschriebenen Sozialversicherung. Doch auch die eigenen Lebensumstände verändern sich und verlangen nach veränderter Absicherung. So eine Zäsur erleben viele nach dem 50. Geburtstag, insbesondere dann, wenn die Kinder endgültig flügge sind und den elterlichen Haushalt verlassen. Auch weniger schöne Stufen auf der Lebenstreppe wie Scheidung und Tod sollten Anlass sein, den Versicherungsordner zu überprüfen.

## 7.1 Welche Verträge wichtig sind

Zu den größten Lebensrisiken, denen gestandene Leute in der Lebensmitte ausgesetzt sind, zählen vor allem:

- Schadensersatzforderungen, die Sie selbst im privaten Bereich verursacht haben (Ausweg: Privathaftpflichtversicherung);

- Invalidität nach Unfall in der Freizeit, etwa nach einem Autounfall oder durch Krankheit (Ausweg: Berufsunfähigkeitsversicherung);

- Pflegebedürftigkeit (Ausweg: private Pflege-Zusatzversicherung);

- Schutz des Eigenheims vor Feuer, Sturm und Leitungswasser (Ausweg: Wohngebäudeversicherung).

**Tipp:** Ansonsten kann der Versicherungsschutz ab 50 Stück für Stück verringert werden. Lösen Sie behutsam solche Verträge auf, deren Risiken nicht mehr vorhanden sind.

# 7 | Versicherungen als elementare Risikovorsorge

## Wichtige Versicherungen ab 55

| Ehepaar | Single |
|---|---|
| **Unverzichtbar** | |
| Privathaftpflicht | Privathaftpflicht |
| Kfz-Haftpflicht | Kfz-Haftpflicht |
| Risiko-Leben | – |
| Berufsunfähigkeit | Berufsunfähigkeit |
| **Wichtig** | |
| Pflege-Zusatz | Pflege-Zusatz |
| Auslandsreise – Krankheit | Auslandsreise – Krankheit |
| Kfz-Teilkasko | Kfz-Teilkasko |
| Hausrat | Hausrat |
| **Sinnvoll unter bestimmten Bedingungen** | |
| Wohngebäude | Wohngebäude |
| Unfall[1] | Unfall[1] |
| Grundbesitzer-Haftpflicht[2] | Grundbesitzer-Haftpflicht[2] |
| Gewässerschaden-Haftpflicht[3] | Gewässerschaden-Haftpflicht[3] |
| Privater Zusatz – Krankheit | Privater Zusatz – Krankheit |
| Kfz-Vollkasko[4] | Kfz-Vollkasko[4] |
| Privat-Rente[5] | Privat-Rente[5] |
| Rechtsschutz[6] | Rechtsschutz[6] |
| **Meist überflüssig** | |
| Reisegepäck | Reisegepäck |
| Reparatur-Policen | Reparatur-Policen |
| Insassen-Unfall | Insassen-Unfall |
| Glasbruch | Glasbruch |

1) Nach der Berufstätigkeit bzw. bei angegriffener Gesundheit (Ablehnung der Berufsunfähigkeits-Police durch Versicherer).
2) Nur für Vermieter, Gemeinschaftseigentümer und Selbstnutzer (Zweifamilienhaus).
3) Nur für Häuser mit Öl- oder Flüssiggas-Heizung.
4) Nur bei sehr teuren Autos.
5) Für sicherheitsbedachte Vorsorgesparer, deren Vorfahren älter als der Durchschnitt wurden.
6) Bei häufigen Konflikten in Verkehr, Wohnung, Arbeit (auch bei Streit um Betriebsrente).

Im Einzelfall mag die Lage anders sein. So sollte man durchaus zur Sterbegeldversicherung greifen, wenn die Altersvorsorge nicht so üppig ausfallen wird. Schließlich haben die Krankenkassen das Sterbegeld 2004 komplett gestrichen. Damit muss die Beerdigung aus eigenen Ersparnissen oder von den Hinterbliebenen bezahlt werden.

## 7.2 Lohnt der späte Einstieg noch?

Im Prinzip ändert sich mit 50 nichts Dramatisches beim Versicherungsbedarf. Die besten Versicherungen springen nach wie vor bei den größten Risiken ein, die überhaupt passieren können: dem lebenslangen Ausfall des Einkommens durch Invalidität (Berufsunfähigkeitsversicherung) oder Tod des Ernährers (Risiko-Lebensversicherung) sowie bei Schadensersatzforderungen, die den finanziellen Ruin bedeuten könnten (Privathaftpflichtversicherung). Zudem ist für Autofahrer die Kfz-Haftpflichtversicherung gesetzlich vorgeschrieben. Diese elementaren Lebensrisiken, die das Haushaltsbudget ohne Versicherung sprengen könnten, haben weiterhin deutlichen Vorrang vor der Absicherung von Sachwerten. Ausnahme: Unverzichtbar bei Sachwerten ist die Absicherung des Eigenheims: Die eigenen vier Wände brauchen immer eine Gebäudeversicherung, weil insbesondere ein Feuer das Haus in Schutt und Asche legen und damit den Eigentümer ruinieren könnte.

Auch der späte Einstieg in Versicherungen lohnt noch, zum Beispiel in die Privathaftpflichtversicherung. Leider klappt der späte Einstieg nicht in alle Versicherungen, so zum Beispiel in die Berufsunfähigkeitsversicherung. Wer mit 50 oder später den Abschluss sucht, wird wohl enttäuscht werden. Grund: Der Beitrag richtet sich vor allem nach dem Eintrittsalter und dem Gesundheitszustand. Und angegriffene Gesundheit wird mit saftigen Zuschlägen bestraft bzw. die Vorerkrankungen werden vom Versicherungsschutz ausgeschlossen. Wer etwa wegen Rückenproblemen häufiger beim Arzt war, kann sich nicht mehr gegen Berufsunfähigkeit wegen Rückenerkrankungen versichern und würde also im Fall der Berufsunfähigkeit keine

Rente bekommen. Die Police wird damit entweder unbezahlbar oder schützt nur mit erheblichen Lücken. Beides ist für Kunden sinnlos.

> **Tipp:** Wer bei Versicherungen die Prioritäten falsch setzt, hat womöglich nicht genug Liquidität für hochrentierliche Geldanlagen und Altersvorsorge übrig. Konzentrieren Sie sich bei der Vorsorge auf das Wesentliche und stellen Sie sich bei jeder einzelnen Versicherung die Frage: Komme ich weiterhin gut über die Runden, wenn ich auf den Vertrag verzichte? Nur wenn mit dem Vertrag der finanzielle Ruin verhindert wird, ist die Police wirklich wichtig.

## 7.3 Gegen Schadensersatz, Invalidität und Pflegefall wappnen

### 7.3.1 Schadensersatz

Die Privathaftpflichtversicherung ist die mit Abstand wichtigste Versicherung für jeden Haushalt, fehlt aber noch in drei von zehn deutschen Haushalten. Dabei schreibt das Bürgerliche Gesetzbuch vor, dass jeder, der einem anderen einen Schaden zufügt, dafür bezahlen muss. Unabhängig davon, ob Absicht, Fahrlässigkeit oder Vorsatz im Spiel war. Und: unabhängig von Art und Höhe des Schadens. Sie müssen für Sachschäden ebenso geradestehen wie für Schäden, die Sie Personen zufügen. In unbegrenzter Höhe, mit Ihrem gesamten Vermögen und unter Umständen ein Leben lang. Die Liste möglicher Ansprüche reicht von Reparaturkosten, Schmerzensgeld, Heilkosten, Verdienstausfall bis hin zur Rente für den Geschädigten oder die Hinterbliebenen. Doch die Angebote der Versicherer für die Privathaftpflichtversicherung unterscheiden sich sehr stark. Daher sollte man auf einen Mindeststandard achten.

## Das sollte eine gute Privathaftpflichtversicherung mindestens enthalten

| Baustein | Mindestsumme (in Euro) |
|---|---|
| Deckungssumme für Personen- und Sachschäden | 3 Millionen pauschal |
| Mietsachschäden | 300 000,– |
| Allmählichkeitsschäden und Schäden durch häusliche Abwässer | 3 Millionen |
| Vermögensschäden | 50 000,– |
| Wartezeit bis zum Start der Ausbildung oder des Wehrdienstes | 50 000,– |
| Schäden durch elektronischen Datenaustausch/ Internetnutzung | individuell |

Quelle: Arbeitskreis Beratungsprozesse (www.beratungsprozesse.de)

Das Alter bringt keine neuen Risiken mit sich, im Gegenteil. Ein ganz wichtiges, den Preis bestimmendes Risiko, Kinder, ist nicht mehr vorhanden. Auch gelten ältere Menschen als vorsichtiger und weniger risikofreudig. Alles in allem Kriterien, die den Preis beeinflussen. Dem tragen die Versicherer auch Rechnung. Senioren-Haftpflichtversicherungen sind manchmal preiswerter als normale Familienhaftpflicht-Policen. Zugleich bleiben hohe Deckungssummen sowie die solide Deckung wie Ausfalldeckung oder Mietsachschäden an beweglichen Sachen weiterhin wichtig. Ausfalldeckung bedeutet: Wer von einer Person ohne Privathaftpflichtversicherungsschutz geschädigt wird, geht unter Umständen leer aus. Beinhaltet die eigene Versicherung jedoch Ausfalldeckung, dann bezahlt sie auch den Forderungsausfall. Günstige Angebote gibt es schon für knapp € 40,– Jahresbeitrag. Der teuerste Anbieter verlangt für identischen Schutz mehr als das Vierfache.

# 7 | Versicherungen als elementare Risikovorsorge

## Top-10-Privathaftpflicht für Ältere[1]

| Versicherer | Tarifvariante[2] | Deckungssumme[3] (in Millionen Euro) | Jahresbeitrag[4] (in Euro) |
|---|---|---|---|
| Haftpflichtkasse Darmstadt | PHV VARIO Komfort (F) | 3 | 38,03 |
| Interrisk | PHV XL (F) | 3 | 40,70 |
| VPV Allgemeine | PHV Exklusiv (F) | 12 | 55,34 |
| Medien | PHV Komfort (F) | 3 | 59,03 |
| Waldenburger | PHV Super (P) | 5 | 65,45 |
| Ideal | PHV PrivatSchutz Exklusiv (F) | 10 | 69,31 |
| NV-Versicherungen | PHV Privatmax. 4.0 (F) | 10 | 71,40 |
| Basler | PHV Ambiente Top (F) | 12,5[5] | 71,90 |
| Janitos | PHV Best Selection (P) | 10 | 72,– |
| VHV | PHV Klassik-Garant (F) | 10[6] | 73,78 |
| teuerster Anbieter | anonymisiert | 15 | 179,21 |

1) Angebote für Paare ab 60 ohne Kind (P); Beschäftigung nicht im öffentlichen Dienst.
2) Falls Familientarif (F) günstiger ist, wird der angezeigt.
3) Mindestens 3 Millionen Euro pauschale Deckungssumme für Personen- und Sachschäden.
4) Jahresbeitrag samt 19 % Versicherungssteuer; kein SB im Schadenfall; mitversichert: Forderungsausfalldeckung ab € 2 500,– Schadenhöhe, Abhandenkommen fremder privater Schlüssel und solcher zu einer zentralen Schließanlage, Mietsachschäden auch auf Reisen aller Art, ehrenamtliche Tätigkeit, weltweiter Auslandsaufenthalt, Internetschäden.
5) Bei Personenschäden auf 5 Millionen Euro pro Person begrenzt.
6) Bei Personenschäden auf 8 Millionen Euro pro Person begrenzt.

> **Tipp:** Der genaue Blick ins Kleingedruckte zeigt, dass die Entschädigung oft eingeschränkt ist, zum Beispiel eine Mindestschadenshöhe erforderlich ist, der Schutz nur auf geliehene Sachen beschränkt ist oder nur für Sachen von einem gewerblichen Verleih gilt (Sportgeräteverleih). Wer häufiger im Ausland eine Ferienwohnung mietet, sollte auf den Einschluss solcher Schäden achten.

## 7.3.2 Invalidität

Eine private Absicherung für den Fall der Berufsunfähigkeit braucht jeder. Der Abschluss in höherem Alter ab 50 aufwärts ist jedoch unbezahlbar oder wegen Vorerkrankungen, die oft vom Schutz ausgeschlossen werden, meist lückenhaft. Da nutzen die besten Vergleichsportale überhaupt nichts. Allenfalls ein versierter Versicherungsmakler kann da vielleicht noch weiterhelfen. Für die meisten kann die Invaliditätsabsicherung ab Mitte 50 allenfalls mit einer Senioren-Unfallversicherung halbwegs sinnvoll abgedeckt werden, die häufig mit wichtigen Hilfeleistungen ausgestattet ist, auf die es in höherem Alter ankommt.

Eine Senioren-Unfallversicherung verspricht in der Werbung den perfekten Haushaltsservice inklusive Einkaufsdienst, Wäscheservice, Gartenpflege und vieles mehr. Doch der genauere Blick ins Kleingedruckte zeigt, dass nicht immer alle Leistungen, mit denen der Anbieter wirbt, tatsächlich auch mitversichert sind. Die Zeitschrift »Ökotest« hat 2013 das Leistungsspektrum herkömmlicher Tarife mit speziellen Seniorentarifen verglichen. Ergebnis: Viele Seniorenpolicen unterscheiden sich in der Leistung nicht von einem herkömmlichen Tarif. Andere Verträge für Ältere sind herkömmliche Risikopolicen, die durch Assistance-Leistungen aufgepeppt oder um Bausteine ergänzt werden, die Senioren ansprechen sollen. Doch die Zusatzleistungen gibt es nie umsonst, kritisiert »Ökotest«. Damit das Seniorenpaket aber nicht zu teuer anmutet, wird am eigentlichen Risikoschutz gespart, etwa bei Invalidität.

Dennoch: Das Alter bringt in Sachen Gesundheit neue Risiken mit sich. Vor allem für Singles können zusätzliche Servicekomponenten über die reine Geldleistung hinaus interessant sein. Beispiele für solche Leistungs-Extras: erweiterter Unfallbegriff, Leistung auch bei Oberschenkelhalsbruch ohne Unfall, Einschluss von Unfällen durch Herzinfarkt und Schlaganfall sowie eine Vertragslaufzeit mindestens bis zum 75. Lebensjahr.

# 7 | Versicherungen als elementare Risikovorsorge

>> **Beispiel:** Die Serviceleistung »Haushaltshilfe« könnte für Singles interessant sein, hat aber große Lücken. Dafür müssen Sie als Kunde zudem im Schnitt zwischen € 15,– und € 40,– pro Monat zusätzlichen Beitrag bezahlen. Leider haben Senioren-Unfallpolicen auch riesige Nachteile gegenüber herkömmlichen Unfalltarifen. Wichtigster Nachteil: Es wird bei Invalidität nicht schon ab 1 % Beeinträchtigung gezahlt, sondern häufig erst ab 50 %. Zudem wird beim Invaliditätsgrad häufig der Einfluss von Vorerkrankungen, die mit höherem Alter naturgemäß zunehmen, als »Mitwirkungsanteil« von 25 % berücksichtigt. Folge: Viele zahlen praktisch den Beitrag umsonst, weil sie die Leistungshürde kaum überwinden können. Fairer sind Angebote, die Vorerkrankungen erst anrechnen, wenn sie zu mehr als 50 % Ursache für die Invalidität sind.

Unterm Strich lohnt statt eines Seniorentarifs, der meist mindestens doppelt so teuer käme, eher der Abschluss einer herkömmlichen Unfallversicherung. Und die normale Unfallversicherung lohnt während der Berufstätigkeit auch nur, wenn es für eine gute Berufsunfähigkeitsversicherung wegen angegriffener Gesundheit oder fortgeschrittenen Alters zu spät ist bzw. der Schutz dadurch viel zu teuer käme. Im Zweifel dürfte der Rat eines Versicherungsmaklers spätestens mit Beginn des Ruhestandes dazu tendieren, statt der Unfallversicherung eine zusätzliche Pflegeversicherung abzuschließen.

Klar ist: Wer nach einem Unfall vorübergehend auf fremde Hilfe angewiesen ist, wird weder über die gesetzliche Kranken- noch die Pflegeversicherung versorgt. Die Unfallversicherung für Senioren schließt diese Lücke im System und bietet eine Police, die »waschen, kochen und putzen« kann. Sich selbst Alltagshilfe zu organisieren, ist für Betroffene mühsam, da außer den Versicherern niemand diese Assistance-Leistung anbietet, die für sich genommen sehr teuer wäre. Doch angesichts der Gesamtpreise von oft € 500,– pro Jahr für Unfallschutz und Assistance zusammen stellt sich die Frage, wer sich diesen Schutz überhaupt leisten kann bzw. will.

## Versicherungen als elementare Risikovorsorge | 7

Die Policen versprechen dem Unfallopfer komplette Hilfe im Alltag. Das soll älteren Kunden das Gefühl vermitteln, im Ernstfall rundum versorgt zu sein. Doch im Ernstfall ist es mit der Leistung nicht weit her. Sie als Kunde denken meist, dass die Leistungen, mit denen geworben wird, tatsächlich auch versichert sind. Der Blick ins Kleingedruckte bringt dann Ernüchterung.

> **Beispiel:** Der Service »Wohnungsreinigung« ist mittlerweile bei fast allen Anbietern Standard. Doch fast jeder definiert die Hilfe anders: Bei der Baden-Badener Versicherung geschieht dies alle zwei Wochen, bei der DEVK auch, aber nur, wenn die Wohnung vor dem Unfall in einem ordnungsgemäßen Zustand war. Zudem begrenzt die DEVK die Reinigungskosten insgesamt auf € 250,–. Generell gilt: Die Leistungen werden bei Hilfebedürftigkeit nach einem Unfall gewährt, solange kein Pflegefall vorliegt, längstens aber sechs Monate.

> **Tipp:** Bei der Senioren-Unfallversicherung sollten Sie genau hinsehen und vergleichen. Sie können bei dauerhaftem Schaden mit einer Kapitalzahlung oder einer lebenslangen monatlichen Unfallrente rechnen. Leistungsstarke Angebote sind kaum unter € 230,– Jahresbeitrag zu haben. Hinzu kommt das Assistance-Modul für hauswirtschaftliche Dienste, Versorgung von Haustieren und Betreuung pflegebedürftiger Angehöriger. Kostenpunkt: € 150,– bis € 250,– pro Jahr.

### 7.3.3 Pflegezusatz

Jeder dritte Mittfünfziger läuft statistisch gesehen Gefahr, spätestens mit 75 zum Pflegefall zu werden. Die Leistungen der gesetzlichen Pflegeversicherung decken dieses finanzielle Risiko nicht mal zur Hälfte ab. Da niemand weiß, ob und wann er pflegebedürftig wird, verdrängen viele die Vorsorge für dieses elementare Lebensrisiko.

Spätestens ab 55 sind also private Pflegezusatz-Versicherungen angeraten. Doch die Versicherer tun sich schwer. Häufig wird eine Pflegerente nur als Zusatz zur Lebensversicherung angeboten. Dies hilft der Generation ab 50 nicht wirklich. Besser sind selbstständige Pflegerententarife der Lebensversicherer oder Pflegetagegeldtarife der privaten Krankenversicherer. Pflegetagegeld und Pflegerente haben – im Unterschied zu den ebenfalls von der privaten Krankenversicherung offerierten Pflegekostentarifen – beide den Vorteil, dass sie zur freien Verfügung des Versicherten stehen und außer für Pflege- auch für »Hotelkosten« im Pflegeheim verwendet werden können. Policen für Pflegerente sind zwar teurer als für Pflegetagegeld, dafür aber resistent gegen Beitragserhöhungen und muten dem Kunden keinerlei Wartezeiten bis zum Beginn des Versicherungsschutzes zu.

> **Beispiel:** Beim Pflegetagegeld der privaten Krankenversicherung wird die Kostenerstattung nicht um einen festen Prozentsatz aufgestockt, sondern ein individuelles Tagegeld im Pflegefall versichert. Ein solides Preis-Leistungs-Verhältnis ist allerdings schwer zu finden. Laut Marktbeobachter KVpro.de tun sich insbesondere Vigo (ehemals »Düsseldorfer«), Deutsche Familienversicherung, LVM, Hanse Merkur und Europa hervor.

Um im Pflegefall € 100,– pro Tag zu bekommen – was € 3 000,– im Monat entspricht –, muss man allerdings bei Abschluss mit 55 rund € 85,– Monatsbeitrag aufbringen. Davon werden dann in Pflegestufe I häufig 30 % bis 40 % gezahlt, in Stufe II dann 60 % bis 70 % und erst in Stufe III der volle Betrag.

Seit 1. 1. 2013 kann jeder Erwachsene auf freiwilliger Basis eine staatlich geförderte private Pflegezusatzversicherung abschließen – außer Pflegebedürftige. Der Staat gibt € 60,– im Jahr dazu – salopp als »Pflege-Bahr« bezeichnet nach dem 2013 noch federführenden Bundesgesundheitsminister Daniel Bahr.

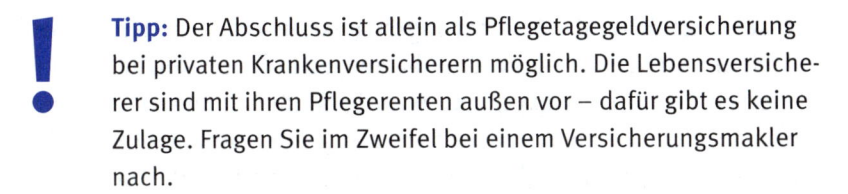

## Versicherungen als elementare Risikovorsorge | 7

> **!** **Tipp:** Der Abschluss ist allein als Pflegetagegeldversicherung bei privaten Krankenversicherern möglich. Die Lebensversicherer sind mit ihren Pflegerenten außen vor – dafür gibt es keine Zulage. Fragen Sie im Zweifel bei einem Versicherungsmakler nach.

Voraussetzung für die Förderung: Der Kunde zahlt selbst mindestens € 120,– im Jahr ein und erhält im Pflegefall mindestens € 600,– pro Monat in Pflegestufe III vom Versicherer zugesagt (Stufe I: 30 % davon; Stufe II: 70 % davon). Unter diesen Voraussetzungen gibt der Staat dann nachträglich besagte € 60,– pro Jahr dazu. Die Leistung gilt auch bei Demenz (»Pflegestufe 0«). Eine Dynamisierung in Höhe der Inflation muss dem Kunden auf Wunsch im Vertrag zugestanden werden.

> **!** **Tipp:** Die Zulage wird stets vom Versicherer beantragt. Der Kunde muss also nichts unternehmen. Versicherer dürfen unmittelbare Abschlusskosten bis zum 2-Fachen des Beitrages, der im ersten Monat fällig ist, berechnen. Es gelten einheitliche Versicherungsbedingungen für alle Anbieter: »Musterbedingungen 2013 für die geförderte ergänzende Pflegeversicherung (MB / GEPV 2013) §§ 1 – 26«. Schlechter aus Kundensicht darf kein Versicherer sein, besser dagegen schon.

Jeder Kunde, der die Versicherung abschließen will, muss also genommen werden. Auf ein ordentliches Kündigungsrecht müssen die Versicherer ebenso verzichten wie auf eine Risikoprüfung oder die Vereinbarung von Risikozuschlägen und Leistungsausschlüssen. Der Staat schreibt also vor, dass Versicherer niemanden wegen seines Alters oder angegriffener Gesundheit ablehnen dürfen. Im Gegenzug darf der Versicherer eine fünfjährige Wartezeit im Kleingedruckten vorgeben. Das heißt: Ein Versicherter muss mindestens fünf Jahre Beiträge zahlen, ehe er das vereinbarte Pflegetagegeld erhält. Wer in diesen fünf Jahren zum Pflegefall wird, geht leer aus.

## 7 | Versicherungen als elementare Risikovorsorge

Wer seine geförderte Versicherung später auf einen anderen Tarif umstellen möchte, darf dies ohne Verluste nur beim gleichen Versicherer tun. Der Wechsel von einem förderfähigen in einen nicht förderfähigen Tarif ist dagegen nicht erlaubt. Die Kündigung der Police durch den Kunden ist jedes Jahr mit einer Frist von drei Monaten zum Jahresende möglich.

Trotz der staatlich geförderten ergänzenden Pflegezusatzversicherung bleibt eine Versorgungslücke in jeder Pflegestufe.

> **Beispiel:** 2012 mussten Betroffene über die gesetzliche Pflegeleistung hinaus im Schnitt Eigenleistungen bei vollstationärer Pflege zwischen € 1 345,– (Pflegestufe I) und € 1 686,– (Pflegestufe III) pro Monat aufbringen. Hier hilft »Pflege-Bahr«, die Finanzierungslücke um mindestens € 600,– zu verringern. Das kann sich jeder leisten. In der überwiegenden Mehrzahl sind die Pflegekosten damit in einem wirtschaftlich beherrschbaren Rahmen angesiedelt, zumal 85 % aller Pflegebedürftigen in den Stufen I oder II eingestuft sind, also weniger Pflegekosten verursachen.

> **Tipp:** Die restliche Versorgungslücke lässt sich zum Beispiel durch private Pflegezusatzpolicen abdecken, die nicht staatlich gefördert werden. Davon gibt es rund 150 Tarife. Einen detaillierten Marktvergleich zu staatlich geförderten sowie nicht geförderten Pflegeversicherungen finden Sie im Internet zum Beispiel unter www.pflegeversicherung-test.de/testsieger

## 7.4 Auf Reisen richtig versichert

Je mehr Zeit und Geld vorhanden, desto häufiger werden ferne Reiseziele angesteuert. Daher benötigt vor allem die Zielgruppe 50plus häufig eine entsprechende Police. Die private Auslandsreise-Krankenversicherung ist auch für Kassenpatienten unentbehrlich. Grund: Die deutsche Krankenkassenkarte taugt im Ausland nur zur Behandlung bei Vertragsärzten und in Vertragskliniken. Beim Privatarzt erstattet die heimische Kasse hinterher allenfalls 10 % der Kosten. Muss bei Unfall oder schwerer Krankheit der vorzeitige Rücktransport nach Deutschland erfolgen, zahlt die Krankenkasse keinen Cent.

> **Tipp:** Wenn Sie auf Nummer sicher gehen wollen, informieren Sie sich schon vor dem Urlaub über die regionalen Gepflogenheiten, die von der Deutschen Verbindungsstelle Krankenversicherung – Ausland (www.dvka.de) für jedes Land erfasst und auf dem aktuellen Stand gehalten werden.

Letztlich hilft als vernünftiger Ausweg vor der Kostenfalle »Krankheit im Ausland« nur die private Auslandsreise-Krankenversicherung. Der Schutz kostet häufig zwischen € 6,– und € 25,– pro Person für Reisen, die insgesamt zumeist 42 Tage pro Jahr dauern dürfen, bei einigen Anbietern wie Hanse-Merkur, Debeka oder Barmenia auch deutlich länger. Allerdings muss man genauer hinsehen, denn häufig gilt dieser Beitrag nur bis zum Alter von 60 oder 65 Jahren (siehe Tabelle). Danach wird es meist deutlich teurer. Einige Versicherer verdoppeln bzw. verdreifachen den Jahresbeitrag schon ab dem 59. Geburtstag, darunter LVM, UKV, DKV, Hallesche und Allianz. Deutscher Ring tut dies bereits ab dem 55. Geburtstag, die meisten anderen Versicherer mit 65. Manche behalten sich eine dritte Preissteigerung ab 70 oder 75 vor.

## 7 | Versicherungen als elementare Risikovorsorge

### Günstige Auslandsreise-Krankenversicherer für Ältere[1]

| Versicherer | Höchst-dauer[2] | Tarif | Jahres-beitrag (in Euro) | Beitrag ab Alter (in Euro) | |
|---|---|---|---|---|---|
| | | | | 65 | 70 |
| Ergo Direkt | 56 | RD | 8,90 | 19,90 | 29,90 |
| Würzburger | 56 | Travel Secure AR | 12,– | 48,– | 58,–[3] |
| Nürnberger | 56 | AKE / AKF | 8,40 | nein | 19,20 |
| Hanse-Merkur | 56 | JRV | 14,– | 49,– | 49,– |
| Inter | 45 | AV | 7,50 | 15,–[4] | 15,– |
| UKV | 45 | AKD-11 | 10,90 | 33,–[5] | 33,– |
| R+V | 45 | JR | 11,50 | 50,– | 50,– |
| Süddeutsche | 45 | AR | 9,15 | 18,65[5] | 18,65 |
| Pax-Familienfürsorge | 43 | R | 6,49 | 12,99 | 12,99 |
| DFV | 42 | AKV 03 | 9,90 | 19,90 | 29,90[3] |
| HUK-Coburg | 42 | RV / RVF Plus | 8,90 | 8,90 | 33,60 |

Quelle: Stiftung Warentest und eigene Recherche; Stand: Juni 2013
1) Auswahl unter kundenfreundlichen Versicherern mit sehr guten oder guten Bedingungen.
2) Tage pro Reise.
3) Ab 75.
4) Ab 66.
5) Schon ab 60 (Süddeutsche: ab 61).

Leider müssen Sie vor Vertragsabschluss auch auf das Höchsteintrittsalter achten. So ist der Schutz für Neukunden bei der Gothaer ab dem Alter von 69 Jahren nicht mehr möglich, bei Deutscher Ring und Nürnberger ab 70.

Bei den Leistungen unterscheiden sich die Gesellschaften kaum. Manche Versicherer zahlen bei Krankheit oder Unfall nicht nur den medizinisch notwendigen Rücktransport des Reisenden nach Deutschland, sondern auch im medizinisch sinnvollen Fall, also wenn er auch im Urlaubsland weiter versorgt werden könnte, aber zur besseren Behandlung lieber nach Hause will.

Nicht versichert sind unter anderem Zahnersatz, Massagen und Bäder, Brillen, Hörgeräte, Behandlung bei seelischer Erkrankung oder Krankheit im Zusammenhang mit Pflegebedürftigkeit sowie Behandlungen in Sanatorien und Kurhäusern.

Reisende mit Vorerkrankungen bekommen im Ernstfall Probleme. Grund: Diese Umstände sind zumeist schon vor Reiseantritt bekannt und Behandlungskosten vom Versicherungsschutz meist ausgeschlossen. Auch wer vor dem Auslandsurlaub bereits an Krampfadern, Herzerkrankungen oder anderen langwierigen Krankheiten leidet, sollte vor Vertragsabschluss genau das Kleingedruckte lesen. Selbst wenn eine Verschlechterung des Krankheitsbildes nicht absehbar war, wollen sich einige Gesellschaften vor der Hilfeleistung drücken. Allerdings kann man kein generelles »Urlaubsverbot« im Ausland verlangen, entschied das Oberlandesgericht Hamm, als der Versicherer einem chronisch Kranken die Kosten des Rücktransports nach Deutschland nicht erstatten wollte (Az.: 20 U 44 / 00).

> **Tipp:** Die Preise für Auslandsreise-Krankenversicherungen bei längerem Aufenthalt im Ausland sind bei allen Versicherern ein Vielfaches höher als bei den der allgemein bekannten »Urlaubspolicen«. Für Reisen von bis zu 90 Tagen betragen sie zwischen € 62,– (Württembergische im Tarif »RKL«) und € 279,– (Hanse-Merkur im Tarif »RK 365«). Drastisch teurer wird es für Reisen bis zu einem Jahr. Hier schwankt der Beitrag zwischen € 420,– (AXA) und € 1 855,– (Hallesche). Noch deutlich teurer wird es jeweils bei einigen Anbietern für Aufenthalte in den USA, weil die medizinischen Leistungen dort deutlich teurer sind als in der EU.

Die Versicherer beschränken sich stets auf vorübergehenden Schutz im Ausland. Ausdrücklich wird erwartet, dass der Wohnsitz weiterhin in Deutschland bleibt (»korrespondenzfähige Adresse«) und eine deutsche Kontoverbindung besteht. Damit muss die Branche zugeben, im Prinzip keinerlei dauerhaften Schutz für Deutsche, die im Ausland leben wollen, bieten zu können. Nach spätestens zehn Jahren ist Schluss.

## 7.5 Altersvorsorge mit Lebensversicherungen – was bringt das?

Altersvorsorge ist die klassische Domäne der Lebensversicherer. Doch sie passt nicht für jeden. In jungen Jahren mag die klassische Kapital-Lebensversicherung sinnvoll sein. Dabei wird der Versicherungsschutz mit einem Sparplan verknüpft. Da ein Teil des Beitrages zwangsläufig für den Todesfallschutz ausgegeben wird, kann nur der andere Teil zum Ansparen verwendet werden. Der Sparanteil wird bei Neuabschluss garantiert mit 1,75 % verzinst, die Überschüsse darüber hinaus werden unverbindlich versprochen. Zusammen kommen meist 4 % heraus. Wer eine solche Police besitzt, sollte sie bis zum Schluss durchhalten; es ist eine sichere und bequeme Altersvorsorge.

Anders stellt sich die Frage, wenn es um den Abschluss erst mit 50 oder später geht. Dann lohnt der Vertrag keinesfalls. Grund: Vom ersten Tag an wird auch eine volle Versicherungssumme als Auszahlung für die Hinterbliebenen garantiert (Todesfallleistung). Mit 50 lohnt sich der Einstieg deswegen im Vergleich zu einem 25-Jährigen nicht mehr, weil die Versicherer wegen des fortgeschrittenen Alters ein höheres Zahlungsrisiko für den Todesfall eingehen und sich dieses Risiko natürlich bezahlen lassen. So geht der eigentlichen Erlebensfall-Vorsorge zu viel Geld verloren.

Wer mit 50plus dennoch auf das Versicherungssparen für das Alter setzen will, kann auf eine Form der Lebensversicherung setzen, die im Trend liegt: die private Rentenversicherung. Sie ist zugleich die »Mutter« der Riester- und Basisrente als auch der beiden verbreiteten Formen der Betriebsrente – Direktversicherung und Pensionskasse. Die private Rentenversicherung ist im Grunde überhaupt keine Versicherung, sondern eine reine Geldanlage: Gegen einmalige oder laufende Beitragszahlung wird der Anspruch erworben, ab einem vereinbarten Termin lebenslang eine monatliche Rente zu beziehen. Daher auch die häufig verwendete Bezeichnung Leibrente. Gegenüber einer Kapital-Lebensversicherung ist der Beitrag deutlich niedriger, weil im Todesfall keine finanzielle Leistung für die Hinterbliebenen gezahlt wird. Ausnahme: Man kauft die Option hinzu, dass Erben nach dem Tod noch eine gewisse Zeit die Rente weiter ausgezahlt bekommen – das nennt sich Rentengarantie.

Weiterer Pluspunkt aus Kundensicht: Der Gesundheitszustand spielt keine Rolle, da ein hohes Sterberisiko im Gegensatz zur Kapital-Lebensversicherung für den Rentenversicherer eine potenziell kürzere Leistungsdauer bedeutet und somit sein Zahlungsrisiko verringert. Daher findet auch keine Gesundheitsprüfung statt. Die Privatrente ist daher besonders interessant für jene, die ausschließlich etwas für die eigene Altersvorsorge tun wollen, denen aber Fonds oder Aktien nicht sicher genug erscheinen.

Die Versicherten werden immer älter und der eingezahlte Beitrag muss so immer länger reichen. In regelmäßigen Abständen müssen die Versicherer auf die weiter steigende Lebenserwartung reagieren: Dann steigen die Beiträge oder es gibt für neue Kunden weniger Rente zum alten Preis. Am besten schneidet ab, wer uralt wird. Dafür bekommt der Kunde aber garantiert bis zu seinem Tod die Rente. Solche Leistungsversprechen gibt es bei keiner Geldanlage von Banken oder Fondsgesellschaften: Deren Auszahlpläne enden früher oder später bei null (siehe hierzu Kapitel 10.4.1).

> **Tipp:** Traditionell günstige Angebote für private Rentenversicherungen gegen laufenden Monatsbeitrag bieten Cosmos, WGV und Europa.

Für die Generation 50plus kann die private Rentenversicherung, auch als »Last-Minute-Angebot« gut passen, also als Rentenversicherung gegen Einmalbeitrag. Wer etwa die Auszahlung aus einer Kapital-Lebensversicherung mit 65 oder eine Erbschaft verrenten will oder die Firmenübergabe plant, kann dies sehr günstig mit einer Sofortrente tun und damit seinen Ruhestand verlässlich planen. Die Privatrente deckt nämlich das Langlebigkeitsrisiko finanziell ab – durch Umwandlung von Kapital in eine lebenslange Monatsrente. Der unabhängige Marktbeobachtungsdienst Map-Report hat für Modellfälle, die auf Vertragsabschluss 2002 und € 50 000,– Einmalzahlung basieren, folgende Versicherer mit den höchsten Renten ausgemacht: Europa, Debeka, Continentale und Neue Lebensversicherung.

> **Beispiel:** Seit 21. 12. 2012 kosten private Rentenversicherungen für gleichaltrige Frauen und Männer den gleichen Beitrag. Diese Unisextarife haben insbesondere für Frauen den Beitrag deutlich preiswerter gemacht, während es für Männer kostspieliger wurde. Wenn Sie 2014 eine Sofortrente von € 300,– pro Monat mit beginnender Auszahlung ab 67 abschließen wollen, so kostet dies bei günstigen Anbietern ungefähr € 72 300,– (ohne Rentengarantie für die Erben).

## 7.6 Was wird ab 65 anders?

Die Versicherer halten für ältere Kunden spezielle Angebote parat, sind aber bei dieser Zielgruppe nicht unbedingt an generell verringertem Schutz und damit niedrigeren Einnahmen interessiert, sondern schnüren für die bekanntermaßen meist gut betuchten Senioren häufig umfangreiche Pakete, die zahlreiche und unnötig teure Extras enthalten, obwohl der Kunde sie kaum braucht.

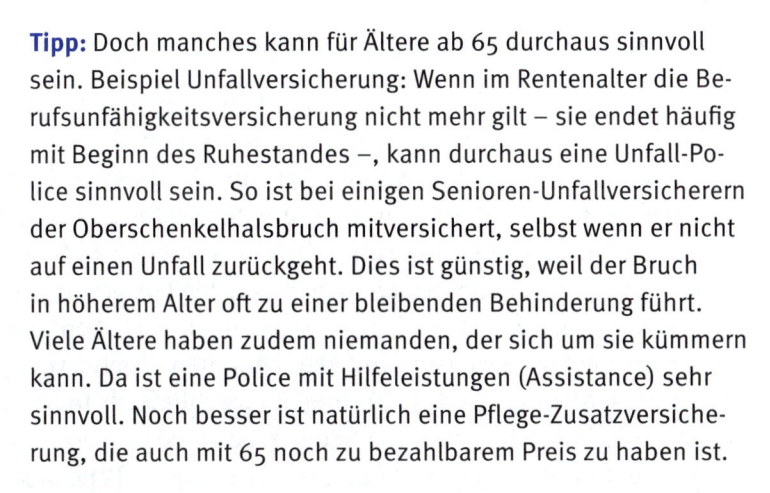

**Tipp:** Doch manches kann für Ältere ab 65 durchaus sinnvoll sein. Beispiel Unfallversicherung: Wenn im Rentenalter die Berufsunfähigkeitsversicherung nicht mehr gilt – sie endet häufig mit Beginn des Ruhestandes –, kann durchaus eine Unfall-Police sinnvoll sein. So ist bei einigen Senioren-Unfallversicherern der Oberschenkelhalsbruch mitversichert, selbst wenn er nicht auf einen Unfall zurückgeht. Dies ist günstig, weil der Bruch in höherem Alter oft zu einer bleibenden Behinderung führt. Viele Ältere haben zudem niemanden, der sich um sie kümmern kann. Da ist eine Police mit Hilfeleistungen (Assistance) sehr sinnvoll. Noch besser ist natürlich eine Pflege-Zusatzversicherung, die auch mit 65 noch zu bezahlbarem Preis zu haben ist.

Wer mit zunehmendem Alter unnötige oder überteuerte Versicherungen kündigen will, kann dies tun. Wie das geht, steht auch im Kleingedruckten. Faustregel: Kündigen können Sie nur schriftlich, innerhalb bestimmter Fristen und mit eigenhändiger Unterschrift. Die klappt im Regelfall, wenn Sie drei Monate zum Ablauf des Jahres als Kündigungsfrist einhalten. Lediglich in der Kfz-Versicherung gilt eine knappere Frist von nur einem Monat.

**Tipp:** Unter Umständen kann man auch vor Ablauf des Jahres kündigen (außerordentliche Kündigung). Das ist möglich

- nach einem Schadenfall,
- bei jeder noch so geringen Beitragserhöhung,
- im Todesfall (durch die Angehörigen),
- nach Umzug in einen anderen Ort (Hausrat),
- Verkauf (Auto; Gebäude).

## 7.7 Wie sicher ist meine Lebensversicherung?

Im Zweifel haftet bei Verlusten zunächst immer der Produktgeber, also der Versicherer, die Bank oder Fondsgesellschaft, bei Betriebsrenten jedoch primär der Arbeitgeber für die Zusage. Wird der Arbeitgeber insolvent, greifen mehrere Sicherungsmechanismen, sodass die Betriebsrente im Normalfall nicht verloren geht. Auch Banken und Versicherer haben sich gegen Pleiten gewappnet, damit das Geld der Kunden nicht verloren geht. Betroffen sind insbesondere Lebensversicherer mit der gesamten Palette von privat abgeschlossenen Lebensversicherungen einschließlich fondsgebundenen Versicherungen über die beim Arbeitgeber abgeschlossenen Betriebsrenten in Form von Direktversicherungen, Pensionskassen und Pensionsfonds bis hin zu staatlich geförderten Riester- und Basisrenten. Versicherer unterscheiden sich jedoch wesentlich von Banken: Sie dürfen keine Bankgeschäfte machen.

**Unterschiede zwischen Banken und Versicherern**

| Bank | Versicherer |
| --- | --- |
| Bankgeschäfte mit Finanzierung und Refinanzierung. | Keine Bankgeschäfte. |
| Ständige Ausgabe von Krediten und Hereinnahme von Geldanlagen. | Langfristige Kapitalsammelstellen, die Anlagen möglichst bis zur Fälligkeit halten. |
| Permanenter Kampf um Übereinstimmung von Finanzierung und Refinanzierung. | Regelmäßige Beitragseinnahmen, sodass keine Refinanzierungsprobleme entstehen. |
| Gefahr eines »Run« auf die Konten | Keine Gefahr eines »Run« auf die Guthaben; im Notfall können die Verträge von einem anderen Versicherer weitergeführt werden. |
| »Bad Bank« für faule Kredite. | »Bad Insurance« nicht nötig. |

Daher muss der Insolvenzschutz auch unterschiedlich ausgestattet werden. Zudem gibt es eine Branchenübereinkunft, nach der notleidende Lebensversicherer gekauft bzw. deren Bestände von anderen Versicherern aufgekauft würden. Seit Mitte 2006 gibt es für die Kunden deutscher Lebensversicherer einen gesetzlich geregelten Insolvenzschutz für den Fall der Zahlungsunfähigkeit des Versicherers: Die als Selbsthilfeeinrichtung der deutschen Lebensversicherer gegründete Protektor AG hat die offizielle Funktion eines Sicherungsfonds.

Für die deutschen Kunden einiger angelsächsischer Lebensversicherer greifen diese Sicherungsmechanismen im Falle einer Insolvenz nicht. Doch auch Kunden deutscher Lebensversicherer müssten leichte Einbußen im Insolvenzfall fürchten: Protektor dürfte im Notfall die Ansprüche der Versicherten pauschal um 5 % kürzen, wenn die Bundesanstalt für Finanzdienstleistungsaufsicht (BaFin) dies für geboten hält – etwa, weil gleich mehrere große Versicherer Pleite gehen. Der Sicherungsfonds dient dem Schutz der Ansprüche der Kunden, aber auch direkt oder indirekt Begünstigten der Leistungen aus den Verträgen, also der versicherten Personen (zum Beispiel Kinder), der Bezugsberechtigten (zum Beispiel Lebenspartner) und sonstigen Begünstigten (zum Beispiel Betriebsrentner mit Direktversicherung).

Seine Feuertaufe hatte Protektor bei der Schieflage der Mannheimer Lebensversicherung, die sich am Aktienmarkt verspekuliert hatte, bestanden: Die Selbsthilfeeinrichtung übernahm zum 1. 10. 2003 alle Verträge und führt sie seither fort. Eine vorzeitige oder gar sofortige Auszahlung ist im Insolvenzfall, zu dem es nicht kam, nicht vorgesehen.

# 8 Geld richtig anlegen

Als Faustregel gilt immer: Je kürzer die Zeit bis zum Beginn der Rente ist, umso mehr sollten Sie darauf achten, dass Ihr Geld sicher und möglichst zumindest teilweise verfügbar angelegt ist. Spekulative Investments sind dann nichts mehr für Sie. Wenn Sie noch mehr Zeit haben, also mindestens zehn bis 15 Jahre, sollten Sie die Chancen des Kapitalmarktes nutzen und zum Beispiel einen Teil Ihres Gelds in Aktien bzw. Aktienfonds investieren. Denn langfristig schlagen Sie so alle anderen Geldanlageformen. Das Risiko dabei ist jedoch nicht nach jedermanns Geschmack.

## 8.1 Anlageziele und Lebensumstände

Je nach Lebensalter und Anlageziel eignen sich manche Geldanlagen besser als andere zur Altersvorsorge und damit zur Ruhestandsplanung. Während im Alter von 30 Jahren langfristige Anlagen im Vordergrund stehen sollten, weil sie die beste Rendite ermöglichen, sind es mit 55 stärker mittelfristige und vor allem sichere Anlagen. Allerdings sind einige Anlagen während der Laufzeit nicht verfügbar bzw. können nur unter Verlusten – etwa durch Beleihung – liquide gemacht werden. Zudem unterliegen die Erträge der meisten Anlageformen der Abgeltungsteuer (siehe hierzu Kapitel 11.5).

Wichtig ist dabei, Struktur in die Finanzplanung zu bringen, denn begrenztes Einkommen und tendenziell erhöhte Ausgaben zwingen immer mehr Haushalte zu einem regelrechten Spagat zwischen Konsum und Vorsorge. Zahleiche Tipps zur Strukturierung des Vermögens sind in Kapitel 8 aufgelistet. Anleger sollten sich bei der Geldanlage vor allem klarmachen, was sie selbst überhaupt wollen. Mal geht es um Ertrag, mal sind Steuervorteile gefragt, mal steht Sicherheit im Vordergrund. Die unklaren und oft verschwommenen Vorstellungen sind eine schwere Hypothek für jedes Vermögen, weil auf diesem wackeligen Fundament kein solides Gebäude errichtet werden kann.

# 8 | Geld richtig anlegen

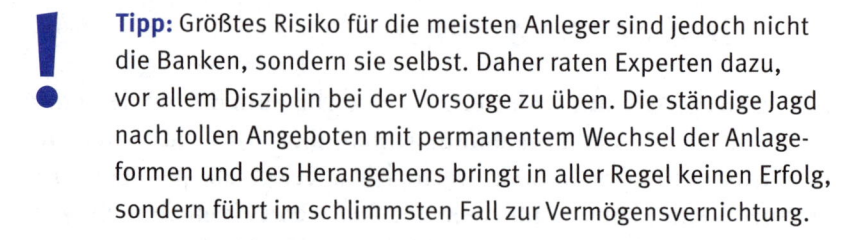

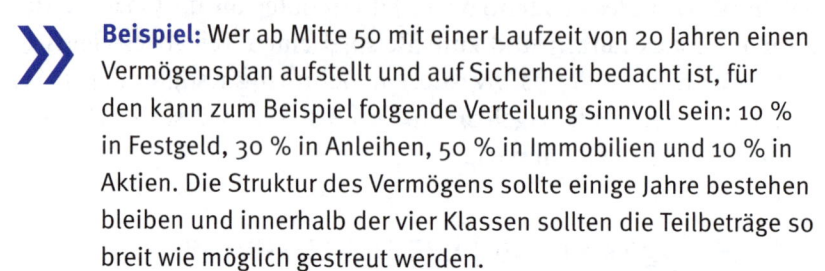

> **Tipp:** Größtes Risiko für die meisten Anleger sind jedoch nicht die Banken, sondern sie selbst. Daher raten Experten dazu, vor allem Disziplin bei der Vorsorge zu üben. Die ständige Jagd nach tollen Angeboten mit permanentem Wechsel der Anlageformen und des Herangehens bringt in aller Regel keinen Erfolg, sondern führt im schlimmsten Fall zur Vermögensvernichtung.

> **Beispiel:** Wer ab Mitte 50 mit einer Laufzeit von 20 Jahren einen Vermögensplan aufstellt und auf Sicherheit bedacht ist, für den kann zum Beispiel folgende Verteilung sinnvoll sein: 10 % in Festgeld, 30 % in Anleihen, 50 % in Immobilien und 10 % in Aktien. Die Struktur des Vermögens sollte einige Jahre bestehen bleiben und innerhalb der vier Klassen sollten die Teilbeträge so breit wie möglich gestreut werden.

Doch wie ist das Geld in der schon seit 2008 anhaltenden Niedrigzinsphase am besten angelegt? Die Antwort ist lapidar und simpel: so wie auch in der Vergangenheit, weil es an der Geldfront nichts Neues gibt. Sparen ist Sparen, Kosten sind Kosten, Risiko ist Risiko, folglich gilt im Umkehrschluss: An der Notwendigkeit des Sparens führt kein Weg vorbei, die Kosten sind hoch, falls die Anleger nicht aufpassen, und beim Risiko sollte die Kirche im Dorf stehen bleiben. Wer auf Zinsen nach Steuern von mehr als 3 % hofft, setzt sich der Gefahr aus, dass aus seinem Kapitalstock ein Trümmerhaufen wird, sagt der aus der Presse bekannte Finanzanalytiker Volker Looman.

Die Finanzmathematik offenbart: Um € 100 000,– Vermögen zu erreichen, sind bei einer unterstellten Spardauer von 15 Jahren bis zum Ruhestand, einem jährlichen Geldanlagezins von 3 % nach Steuern und ohne Inflation 180 Raten je € 470,– nötig. Ein einfacher Plan ist die Aufteilung der monatlichen Sparraten. Im vorliegenden Fall rät Looman, jeweils rund € 100,– in eine Basisrente, eine Rentenpolice, einen Rentenfonds, einen Immobilienfonds und einen Aktienfonds zu stecken. Der Weg ist wenig spektakulär, doch er bietet eine gewisse Sicherheit, das Ziel auch zu erreichen, weil 60 % in Anleihen und jeweils 20 % in Immobilien und Aktien investiert werden. Die

Basisrente ist ein flottes Steuersparmodell. Zusammen mit der Rentenpolice sorgt sie im Alter für eine lebenslange Grundversorgung, weil in beiden Verträgen das Kapital in Form laufender Bezüge zurückfließt. Der Rest steht als Einmalkapital zur Verfügung, muss aber im Laufe der Zeit verzehrt werden. Mit der Verteilung der Sparraten auf fünf Töpfe wachsen die Bäume zwar nicht in den Himmel. Die Rendite des Pakets beträgt 3,6 % nach Steuern, wenn die Anleihen jährlich 3,5 %, die Immobilien jährlich 5 % und die Aktien jährlich 6,5 % abwerfen.

Bevor sich Anleger nach Sparformen umsehen, die angeblich mehr Rendite schaffen, sollten sie einen Blick auf die Kosten werfen. Auch bei der Anlage vergleichsweise kleiner Beträge gilt: Augenmaß und Umsicht machen vier Fünftel des Erfolges aus. Höhere Renditen lassen sich nur mithilfe höherer Risiken erzielen. Das Looman-Beispiel ist auch nicht ohne Risiken: Sollte das Einkommen sinken, kann das Finanzgebäude schnell ins Wanken geraten, weil die Steuervorteile zurückgehen werden. Sollte es auch noch zu Problemen bei der Miete oder an der Börse kommen, kann die Ruhestandsplanung in unruhiges Fahrwasser geraten. Dies gilt umso mehr, wenn sich die Lebensumstände extrem ändern, etwa bei Arbeitslosigkeit, Scheidung oder Tod des Partners durch Autounfall oder unheilbare Krankheit.

## 8.2 Vermögensplanung und der optimale Anlage-Mix

Bei der Geldanlage muss man nur drei Dinge beherzigen. Zunächst notieren, wie viel Geld in naher Zukunft gebraucht wird. Dieser Betrag wird gleich vom vorhandenen Vermögen abgezogen. Dann geht es zweitens um die Aufteilung des restlichen Vermögens, und da kommen fünf Töpfe infrage: Bargeld, Gold oder Versicherung, Anleihen, Immobilien und Aktien. Wie viel Geld in welchen Topf fließt, hängt von der angestrebten Sicherheit, Rendite und Verfügbarkeit des Geldes ab. Wenn dieser Plan steht, geht es drittens um den kostengünstigen Einkauf und die preiswerte Verwaltung der benötigten

Produkte. Hüten Sie sich jedoch vor Illusionen: Für eine absolut sichere Geldanlage gibt es niemals die höchste Rendite, denn die Rendite wächst immer mit dem Risiko. Deswegen sind auch Zinsversprechungen von 10 %, 20 % oder gar 30 % im Jahr, wie sie besonders auf dem grauen Kapitalmarkt vorkommen, blanker Unfug.

In manchen Jahren entwickeln sich die Ersparnisse nicht so wie gewünscht. Gerade wer jeden Monat einen festen Betrag zurücklegt und dann am Jahresende feststellt, dass der Kontostand niedriger als zu Jahresbeginn ausfällt, braucht starke Nerven, um die Lust am Sparen nicht zu verlieren. Je riskanter die Anlage, desto höher können auch die Rückschläge sein. Doch letztlich verliert meist nur derjenige, der dann seine im Kurs gebeutelten Aktien oder Aktienfonds tatsächlich verkauft. Wer solche schlechten Zeiten dagegen aussitzt, hat zumindest die Hoffnung auf Kurserholung und längerfristig auf hohe Wertsteigerung. Fachleute unabhängiger Vermögensberatung nennen immer wieder sechs wichtige Punkte für die richtige Vermögensplanung.

- Prioritäten setzen und den künftigen Bedarf zum Ausgangspunkt der kurz-, mittel- und langfristigen Vorsorge machen.
- Regelmäßig und gezielt ansparen. Wer nachhaltig zehn bis 15 % seines verfügbaren Einkommens auf die hohe Kante legt, wird erfolgreich sein.
- Verlust der Anlage vermeiden. Weg: Das Risiko von Ausfällen vorher prüfen (Sicherung der Einlagen im Pleitefall der Bank) und gegebenenfalls Garantien bei den Anlageformen einbauen lassen.
- Je mehr Geld vorhanden ist, desto sinnvoller ist die Streuung auf verschiedene Produkte und Märkte. Je länger der Anlagezeitraum gewählt wird, desto mehr verlieren auch riskante und im Wert stark schwankende Anlageformen wie Aktien oder Rohstofffonds ihr Risiko.

- Unabhängige Beratung ist ein kostbares Gut beim Vermögensaufbau. Unabhängigen Rat gibt es nur bei unabhängigen Beratern (siehe hierzu Kapitel 8.6).
- Anlegen mit durchdachtem System erhöht den Spaß beim Sparen. Dazu gehört, Sparraten unmittelbar nach dem Gehaltseingang auf dem Girokonto abbuchen zu lassen. Damit fällt die Gewöhnung an das niedrigere verfügbare Einkommen leichter.

Patentrezepte zum optimalen Anlage-Mix und der höchsten Rendite können nicht einmal die besten Bank-Profis liefern. Bestenfalls gibt es zur Rendite Durchschnittswerte aus der Vergangenheit, die in der Zukunft nicht garantiert sind. Der klassische Grundsatz, je ein Drittel in Gold, Immobilien und Wertpapieren anzulegen, ist allerdings für Normalverdiener zu weit hergeholt, die im Schnitt nur über € 15 000,– Vermögen pro Kopf verfügen. Denen hilft im Alltag zum Beispiel Gold, die klassische Notwährung, die nicht als Zahlungsmittel anerkannt ist, gar nichts. Es gibt keine generelle, langfristig optimale Geldanlage. Vielmehr muss das Vermögen ständig den veränderten Gegebenheiten angepasst werden, wenn man wirklich mehr aus seinem Geld machen will. Natürlich gibt es einige Faustregeln, mit deren Hilfe auch Normalverbraucher ihrem optimalen Anlage-Mix sehr nahe kommen.

**Tipp:** Faustregeln für den optimalen Anlage-Mix:
- Nicht alles Geld auf eine Karte setzen, sondern mehrere Eisen im Feuer behalten, also die Geldanlage auf mehrere Formen streuen.
- Nicht eine einzige Anlageform vergöttern, denn es gibt keine einseitige Überlegenheit auf Dauer.
- Langfristig auf Sachwerte wie das Eigenheim hinarbeiten, denn die steigen – regional unterschiedlich – oft im Wert und bieten attraktiven Schutz vor der Geldentwertung sowie gute Altersvorsorge in Form mietfreien Wohnens.
- Auf solidem finanziellem Fundament auch mal ein höheres Risiko probieren, etwa durch Aktienfonds.

# 8 | Geld richtig anlegen

- Den Anlage-Mix von Zeit zu Zeit überprüfen, besonders dann, wenn die Laufzeit von Geldanlagen sich ihrem Ende entgegenneigt oder ein Trend bei der Zinsentwicklung zu Ende zu gehen scheint.

## 8.3 Kurzfristige Anlagen im Detail

An dieser Stelle gibt es eine kleine Auswahl kurzfristig interessanter Geldanlagen. Im nächsten Abschnitt werden dann ausgewählte mittelfristige Anlageformen empfohlen. In jedem Fall geht es um reine Geldanlagen. Die private Rentenversicherung samt Riester-Rente, Basisrente, Betriebsrente sowie die selbst bewohnte bzw. vermietete Immobilie werden an anderer Stelle behandelt.

### 8.3.1 Sparbuch

Egal, ob die Finanzmärkte aus den Fugen geraten oder in ruhigem Fahrwasser bleiben: Das Sparbuch scheint den Deutschen unverzichtbar. Nahezu jeder vierte Euro des Privatvermögens wird dort gebunkert. Kein Wunder: Eröffnen darf ein Sparbuch jeder, der sich ausweisen kann und mindestens einen Euro einzahlt. Ein- und Auszahlungen sind grundsätzlich kostenlos, die Kontoführung ist gebührenfrei. Also eine kundenfreundliche Geldanlage? Definitiv: nein! Im Dezember 2013 zahlten Banken ihren Kunden für diese Treue im Schnitt nur 0,33 % Zinsen pro Jahr, höchstens 1 %. Fast jeder Haushalt lässt damit die Chance auf eine vernünftige Verzinsung ungenutzt.

> **Tipp:** Wer plötzlich Geld abziehen will, hat zudem beim Sparbuch ein Problem: Auszahlungen über € 2 000,– sind jeweils nur mit Voranmeldung von drei Monaten erlaubt. Wer diese »Kündigungsfrist« nicht einhält, muss sogenannte Vorschusszinsen zahlen – zumeist ein Viertel der Guthabenzinsen. Trick: Wer am Monatsende € 2 000,– abhebt, kann am Beginn des folgenden Monats schon wieder € 2 000,– ohne Ankündigung und damit ohne Vorschusszinsen abheben.

Als Notgroschen ist das Sparbuch bis zu einer Höhe von maximal drei Nettogehältern sinnvoll, wenn man schnell Geld braucht. Beim Anlegen hat es jedoch ausgedient. Mit den Zinsen, die häufig unterhalb der Inflationsrate liegen, verliert man sonst nämlich jeden Tag bares Geld. Das Buch macht seinem Namen längst keine Ehre mehr, ist aber als Notgroschen weiterhin sinnvoll, um die Liquidität zu sichern, etwa um die Folgen kurzfristiger Arbeitslosigkeit zu lindern oder die ungeplante Neuanschaffung einer Waschmaschine zu finanzieren. Alternativ müssten sonst womöglich höher verzinste Ersparnisse aufgelöst werden.

### 8.3.2 Tagesgeld

Tagesgeld avanciert immer mehr zur modernen Form der kurzfristigen Geldanlage mit wenig Vermögen, weil das Ersparte dabei sicher, einfach und schnell verfügbar arbeitet. Der feste Zins ist aber stets nur für einen Tag sicher, wie die Bezeichnung Tagesgeld treffend ausdrückt. Für Anleger mit wenig Geld ist dies jedoch ein Segen, dass die Banken vermehrt seit dem Jahr 2000 dieses Produkt den Geldmarktfonds der Investmentgesellschaften entgegengesetzt haben.

Das Geld ist zumeist ohne die hohe Hürde von größeren Mindestanlagebeträgen zu guten Konditionen und ohne Nebenkosten angelegt – formal auf unbestimmte Zeit, aber täglich verfügbar. Selbst in Zeiten niedriger Zinsen ist eine höhere Rendite als mit dem Sparbuch möglich, im Spätherbst 2013 allerdings bei € 5 000,- Mindestanlage höchstens 1,5 %.

> **Tipp:** Zumeist sind es kleinere Banken mit exotisch klingenden Namen wie Moneyou, Advanzia, AKF, Deniz, Ikano oder Pbb, die mit den höchsten Zinsen locken. Auch dort sind Ersparnisse bis € 100 000,- pro Kunde abgesichert, falls die Bank Pleite gehen sollte. Wichtig: Das gilt jedoch nur für Banken innerhalb der EU. Weitere Einschränkung: Manche ausländische Bank ist nicht freiwillig im Sicherungsfonds des Bundesverbandes deutscher Banken Mitglied. Dann müsste sich ein deutscher Sparer im Pleitefall an den Sicherungsfonds im Ausland wenden.

Letzteres mussten deutsche Sparer leidvoll erfahren, die Kunden der inzwischen insolventen isländischen Bank Kaupthing Edge wurden. Die Bankfiliale in Deutschland bot kurz vor der Finanzkrise im Mai 2008 noch aberwitzig hohe 5,65 % für Tagesgeld, musste aber im Oktober 2008 schließen. Deutsche Anleger mussten viele Monate auf ihr Geld warten und wurden auch vom isländischen Staat nur vertröstet. Letztlich wurden sie nur deswegen entschädigt, weil Deutschland dem ebenfalls klammen isländischen Staat finanziell unter die Arme gegriffen hat.

### 8.3.3 Festgeld

Festgeld avanciert immer mehr zur klassischen Form der vernünftigen und zeitlich relativ überschaubaren Geldanlage, weil das Ersparte dabei sicher, einfach, zu fest vereinbartem Zins und schnell verfügbar angelegt ist. Festgeld – auch Termingeld genannt – kann man bei allen Banken anlegen, zwischen einem Monat und fünf Jahren. Vorteile: Bis zwei Werktage vor Ablauf der festen Sparfrist – daher die Bezeichnung Festgeld – können Sie entscheiden, ob Sie das Geld samt Zinsen wieder benötigen. Wenn Sie sich bis zwei Tage vor Ablauf des Termins nicht bei der Bank gemeldet haben, wird der verzinste Betrag automatisch um dieselbe Zeit verlängert. Das ist sehr bequem.

Zins und Zinseszins gehen sofort ins Ersparte mit ein. Für Festgeld gibt es im Zins-Hoch bis 8,5 % Zinsen im Jahr, im Zins-Tief häufig noch 2 %, im Spätherbst 2013 allerdings bei € 5 000,– Anlagebetrag und drei Jahren Laufzeit höchstens 2,15 %. Sie haben meist mindestens den doppelten Gewinn gegenüber dem Sparbuch, können bei Bedarf jedoch erst nach Ablauf der festen Sparfrist über die ganze Summe verfügen. Die meisten Banken eröffnen ein Festgeldkonto ab € 1 500,– aufwärts, einige kleinere Geldhäuser tun es schon ab € 500,–, ganz selten auch schon ab € 100,–.

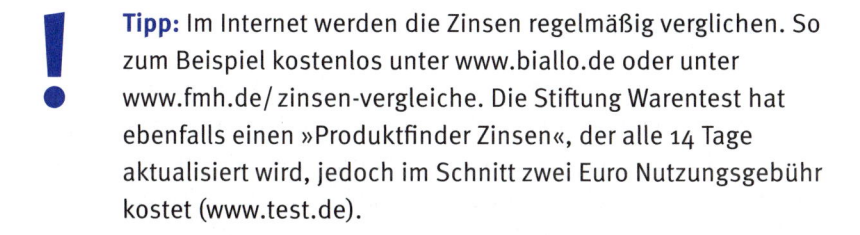

> **Tipp:** Im Internet werden die Zinsen regelmäßig verglichen. So zum Beispiel kostenlos unter www.biallo.de oder unter www.fmh.de/zinsen-vergleiche. Die Stiftung Warentest hat ebenfalls einen »Produktfinder Zinsen«, der alle 14 Tage aktualisiert wird, jedoch im Schnitt zwei Euro Nutzungsgebühr kostet (www.test.de).

## 8.4 Mittelfristig interessante Anlageformen

Bei längeren Laufzeiten wird die Palette sicherer verzinslicher Anlageformen noch größer.

### 8.4.1 Sparbriefe

Sparbriefe sind ebenfalls absolut sicher. Auch dort liegt das Geld unerschütterlich für die gesamte Laufzeit fest, meist zwei bis sechs Jahre. Bei vielen Banken gibt es die Briefe, die als Urkunden ausgegeben werden, schon ab € 250,–, häufig aber erst ab € 1 000,– aufwärts. Für die Anlage von € 5 000,– für 48 Monate vergeben die meisten Banken selbst in der Niedrigzinsphase zwischen 3,5 % und 5 % Zinsen pro Jahr, im Spätherbst 2013 allerdings im Schnitt nur 1,21 %, höchstens 2,3 %.

Für die gesamte Laufzeit ist der vereinbarte Zins garantiert, er reicht bis 8,5 % in früheren Hochzinsphasen. Bei den sehr selten angebotenen Wachstums-Sparbriefen, zu denen auch die altbekannten Bundesschatzbriefe gehören, steigt der Zins sogar jedes Jahr. Allerdings kommt die Rendite am Ende auch nicht höher, weil die Zinsen anfangs sehr viel niedriger als bei Sparbriefen mit stabilem Zins sind. In der Regel gilt: Bietet die Bank zum Beispiel 6 % effektiven Jahreszins an, so gilt der bis zum Schluss. Selbst dann, wenn am Geldmarkt die Zinsen inzwischen gefallen sein sollten. Deshalb lohnt der Kauf von Sparbriefen vor allem in Zeiten höchster Zinsen, weil dieser Spitzenzins dann sehr lange konserviert werden kann.

## 8.4.2 Pfandbrief

Es gibt eine ganze Palette von Festverzinslichen, die von den Banken selbst herausgegeben werden. Es gibt sie ab € 50,- aufwärts gebührenfrei zu kaufen. Sie sind absolut sicher, haben einen festen Zins und eine feste Laufzeit, sie sind bei Bedarf aber meist schnell verfügbar, da sie zumeist an der Börse gehandelt werden. Die Papiere sind unter verschiedenen Bezeichnungen im Angebot: Bankschuldverschreibungen, Sparschuldverschreibungen, Kassenobligationen oder Inhaberschuldverschreibungen.

Beim Pfandbrief haftet die Bank im Gegensatz zu sonstigen Bankanleihen nicht mit ihrem eigenen Vermögen, sondern mit Immobilien anderer Leute. Für den Anleger heißt das: Sein Geld ist durch Grund und Boden abgesichert – das beste Pfand, was überhaupt denkbar ist, – sofern es sich nicht um minderwertige Immobilien wie in den USA handelt, die mit als Auslöser für die Finanzmarktkrise 2008 galten. Pfandbriefe bringen wegen ihrer extremen Sicherheit oft rund 0,5 Prozentpunkte höhere Zinsen als alle anderen deutschen Festverzinslichen mit identischer Laufzeit. Die Zinsen sind für Pfandbriefe gleicher Laufzeit fast überall gleich.

Neue Hypothekenpfandbriefe mit vier Jahren Laufzeit bringen in Hochzins-Zeiten bis 9 % Rendite im Jahr, in Niedrigzinsphasen die Hälfte, im Spätherbst 2013 allerdings im Schnitt nur 2,3 %.

## 8.4.3 Bundeswertpapiere

Unter den Festverzinslichen sind Bundeswertpapiere besonders empfehlenswert, weil sie absolut sicher sind. Und: Mit dieser Anlage kann man überhaupt nichts falsch machen. Allerdings ist die Produktpalette seit der Finanzkrise zusammengeschrumpft. Seit dem Jahresende 2012 legt der Bund keine neuen Ausgaben von Bundesschatzbriefen und Finanzierungsschätzen mehr auf. Ebenso wurde der Vertrieb von Bundesschatzbriefen und Finanzierungsschätzen sowie der Tagesanleihe zum 31. 12. 2012 eingestellt.

Neue Angebote gibt es also nur noch für die börsennotierten Bundesobligationen (Laufzeit: fünf Jahre) und Bundesanleihen (Laufzeit oft zehn Jahre). Sie haben geringe Mindestanlagesummen und kommen so für jedermann als Geldanlage in Betracht. Man kann sie bei jeder Bank zu absolut identischen Bedingungen kaufen. Da der Staat seine Verschuldung zurückfahren muss, ist die Rendite allerdings seit der Finanzkrise anhaltend sehr mäßig. Doppelter Wermutstropfen: Auch der spesenfreie Kauf über die Deutsche Finanzagentur lief Ende 2012 aus. Auch die kostenlose Depotverwaltung bei der Finanzagentur ist nicht mehr möglich. Neue Serien von Bundesobligationen und -anleihen können noch über ein Wertpapierdepot bei einer Bank oder Sparkasse gekauft und dort kostenpflichtig verwahrt werden.

**Tipp:** Aktuelle Konditionen für Bundeswertpapiere gibt es bei der Finanzagentur (www.deutsche-finanzagentur.de) unter »Private Anleger«.

### 8.4.4 Investmentfonds

Mit Investmentfonds bietet die Finanzbranche Privatanlegern die Möglichkeit, schon kleine Beträge in einer Vielzahl unterschiedlicher Wertpapiere anzulegen und dabei breit zu streuen. Die Anlagen der einzelnen Anleger werden dabei in einem gemeinschaftlichen Sondervermögen gesammelt und gemäß der Fondsstrategie investiert. Dem jeweiligen Anleger gehört das zu seinem Anteil am gesamten Fondskapital entsprechende Stückchen vom Kuchen. Investmentfonds werden üblicherweise nach ihrem Inhalt in einzelne Gattungen unterteilt. Unterschieden wird dabei insbesondere nach

- Aktienfonds,
- Rentenfonds,
- Geldmarktfonds,
- Misch- und Dachfonds und
- offenen Immobilienfonds.

Investmentfonds sind als mittel- und langfristige Anlagen für die Altersvorsorge optimal. Inzwischen gelten sie als vergleichsweise sichere Anlage – vom Risiko des Kapitalmarktes abgesehen, das Anleger mehr oder weniger allein tragen müssen. Fondsgesellschaften unterliegen der staatlichen Aufsicht durch die Bundesanstalt für Finanzdienstleistungsaufsicht (BaFin). Damit werden sie ebenso streng kontrolliert wie Banken und Versicherer. Nicht jeder der rund 7 000 Investmentfonds ist für jeden Anleger jedoch gleichermaßen geeignet. Die Fonds unterscheiden sich vor allem nach Risikoneigung, Anlegermentalität und sinnvoller Anlagedauer.

**Welcher Fonds für wen geeignet ist**

| Fondsart | Risiko | Anlegermentalität | Anlagedauer |
|---|---|---|---|
| Aktienfonds | sehr hoch | risikobewusst; wachstumsorientiert | mittel- bis langfristig |
| Rentenfonds | gering bis mittel | sicherheitsbewusst; konservativ | mittelfristig |
| Mischfonds | mittel bis hoch | wachstumsorientiert; konservativ | mittel- bis langfristig |
| Offene Immobilienfonds | sehr gering | sicherheitsbewusst; sehr konservativ | langfristig |
| Geldmarktfonds | sehr gering | vorsichtig; abwartend | kurzfristig |
| Riester-Fonds | mittel bis hoch | sicherheitsbewusst; wachstumsorientiert | mindestens bis zum 62. Lebensjahr |
| Garantiefonds | gering[1] | risikoscheu; sicherheitsbewusst | mittelfristig (festgelegt) |
| Länder-, Branchen-, Themenfonds | hoch bis sehr hoch | risikofreudig, spekulativ; Anleger mit Börsenerfahrung | kurzfristig (Spekulation) bis langfristig |
| Aktien-Indexfonds | sehr hoch | risikobewusst; wachstumsorientiert | mittel- bis langfristig |
| Hedgefonds | sehr hoch | spekulativ | langfristig |

1) Vorzeitiger Ausstieg kann bei schlechter Börsenlage teuer werden.

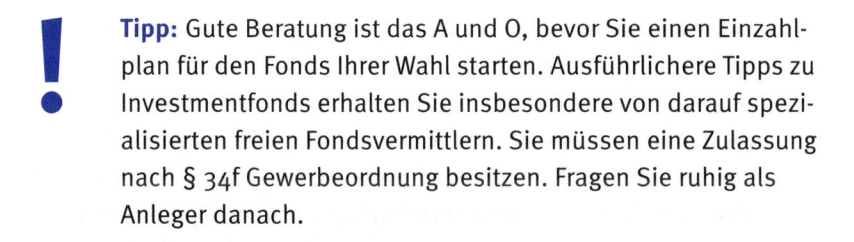

> **Tipp:** Gute Beratung ist das A und O, bevor Sie einen Einzahlplan für den Fonds Ihrer Wahl starten. Ausführlichere Tipps zu Investmentfonds erhalten Sie insbesondere von darauf spezialisierten freien Fondsvermittlern. Sie müssen eine Zulassung nach § 34f Gewerbeordnung besitzen. Fragen Sie ruhig als Anleger danach.

## 8.5 Tipps für Anleger mit 50

Um die fünfzig herum sind die meisten beruflich fest im Sattel und zählen häufig zu den Besserverdienern. Vielfach sind über € 2 500,– Haushaltseinkommen netto verfügbar. Das Vermögen ist nicht selten auf € 50 000,– oder mehr angewachsen. Der aktuelle Geldbedarf für den Konsum lässt tendenziell nach, dafür wird verhältnismäßig stark auf private Altersvorsorge gesetzt. € 100,– bis € 400,– sind monatlich zur zusätzlichen Geldanlage verfügbar.

Je nach Familiensituation – die Kinder kommen langsam aus dem Haus, kosten aber in der Ausbildung noch kräftig Geld – ist es auch mal nötig, einen Teil der Ersparnisse anzugreifen. Das Wissen über Geldanlagen ist erfahrungsgemäß besser als in jüngeren Jahren, der Anlagehorizont bleibt mittelfristig, auch wenn der Ruhestand langsam näher rückt. Häufig werden Sparformen gestreut, die hohe Sicherheit zum Rentenstart gewährleisten und einen Mix aus gesundem Risiko und überdurchschnittlichen Ertragschancen (Aktien). Zudem müssen größere Beträge nun so investiert werden, dass sie zu einer bestimmten Zeit verfügbar sind, etwa um finanzielle Verbindlichkeiten für Wohneigentum, das jeder Zweite in dieser Altersgruppe besitzt, spätestens mit dem Rentenstart abzulösen und damit den Ruhestand schulden- und mietfrei beginnen zu können.

> **Beispiel:** Der richtige Anlage-Mix für Wohlsituierte jenseits der fünfzig könnte so aussehen: Kurzfristig bieten sich Tagesgeld und Geldmarktfonds an. Mittelfristig lohnen größere Beträge in Aktienfonds. Auch der Kauf von Bundesanleihen reizt. Selbst wenn Sie in den eigenen vier Wänden wohnen, kann der Kauf einer vermieteten Eigentumswohnung sinnvoll sein, falls sich preisgünstige Angebote finden und Ihr persönlicher Einkommensteuersatz hoch ist. Hier liegt der Gewinn vor allem im niedrigen Einkaufspreis.

Je nach individueller Ausgangssituation und persönlicher Risikoneigung bieten sich für Leute im Alter um die 50 drei Strategien an:

- für Vorsichtige die Festverzinslichen-Variante,
- für Risikofreudige die Aktien-Variante,
- für Gewinnorientierte die Misch-Variante.

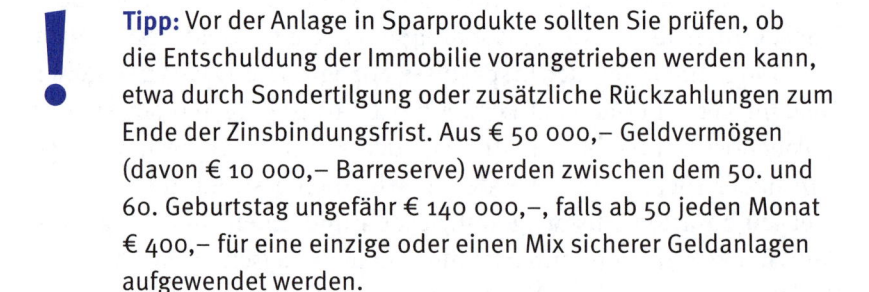

> **Tipp:** Vor der Anlage in Sparprodukte sollten Sie prüfen, ob die Entschuldung der Immobilie vorangetrieben werden kann, etwa durch Sondertilgung oder zusätzliche Rückzahlungen zum Ende der Zinsbindungsfrist. Aus € 50 000,– Geldvermögen (davon € 10 000,– Barreserve) werden zwischen dem 50. und 60. Geburtstag ungefähr € 140 000,–, falls ab 50 jeden Monat € 400,– für eine einzige oder einen Mix sicherer Geldanlagen aufgewendet werden.

## 8.6 Wo es gute Beratung zu Geldanlagen gibt

Gefragt ist gesunder Menschenverstand, denn auf der einen Seite beraten Banken, Bausparkassen und Versicherer nicht wirklich, sondern verkaufen zielgerichtet Produkte. Weder die Anbieter noch die Anleger sind Samariter, sondern auf ihren Vorteil bedacht. Daher müssen Privatleute, die mit der Beratung der Banken nicht zufrieden sind, neutrale Fachleute aufsuchen.

## Hier gibt es unabhängigen Rat

| Einnahmen / Ausgaben | Kosten |
|---|---|
| Verbraucherzentrale<br>Hilfe: www.vzbv.de | € 10,– bis € 150,– pro Stunde; zumeist keine gesetzlich eigentlich vorgeschriebene Haftung (Vermögensschadenhaftpflichtversicherung fehlt) |
| Honorarberater<br>Hilfe: www.berater-lotse.de | Je nach Aufwand: € 100,– bis € 200,– pro Tag |
| Gesetzliche Rentenberater (DRV-Bund)<br>Hilfe: www.deutsche-rentenversicherung-bund.de | Kostenlos |
| Private Rentenberater<br>(spezialisierte Anwälte)<br>Hilfe: www.rentenberater.de | € 75,– bis € 190,– für Erstberatung; in komplizierten Fällen bis € 800,– gesamt |
| FINANZtest (Stiftung Warentest)<br>Hilfe: www.test.de | € 4,90 pro Zeitschrift; keine Individualberatung |
| Versicherungsmakler<br>Hilfe: www.vdvm.de | Steht formal im Lager des Kunden, wird aber beim Abschluss vom Versicherer bezahlt (Kunde bezahlt dies im Beitrag mit) |
| Honorar-Anlageberater / Honorar-Finanzanlagenberater<br>Hilfe: www.finanztip.de/recht/bank/honoraranlageberatung.htm | Seit Sommer 2013 gesetzlich geregelt, Kosten: analog zu Honorarberater etwa € 150,– pro Tag |

Stand: Januar 2014

Neutrale Beratung kostet freilich Geld. Doch solange nicht mehr Anleger bereit sind, für neutrale Informationen entsprechende Honorare zu bezahlen, muss die Masse mit den gegenwärtigen Verhältnissen zufrieden sein. Wer dagegen schlauer sein will, muss sich zu der Einsicht durchringen, dass jede Information ihren Preis hat. Dann folgt die Notwendigkeit, sich intensiv mit der Strategie der Geldanlage zu beschäftigen. Schließlich geht es um den kostengünstigen Einkauf der notwendigen Produkte. Das heißt im Klartext, dass es keine kostenlose Beratung gibt, dass viel Zeit nötig ist, um sich mit der Frage zu beschäftigen, wie Geld angelegt oder aufgenommen wird, und dass es notwendig ist, die Preise für das ausgewählte Produkt miteinander zu vergleichen.

Wer auf neutrale Finanzberatung gegen Honorar verzichtet, zahlt meist drauf und bekommt im schlimmsten Fall die falschen Produkte. Mit dem richtigen Rat stellt sich zum Beispiel heraus, dass ein Familienvater Lücken im Falle von Berufsunfähigkeit und Tod vernünftig schließen muss, ehe er sich um die nachhaltige Geldanlage kümmern kann. Außerdem könnte ihm bewusst werden, dass ein Notgroschen von € 10 000,-, eine Rücklage von € 20 000,- für den Kauf eines Autos in einem Jahr und ein Sparbrief von € 20 000,- für den Erwerb einer Wohnung in zwei Jahren besser sind als ein Traum. Der Traum nämlich von allgemein hohen Zinsen, die mit schlechter oder unmöglicher Verfügbarkeit des Geldes vor Ende einer langen Laufzeit einhergehen.

Die Umstellung der Finanzberatung auf Honorarbasis in Deutschland wäre Staatssache – und ist 2013 weiter vorangekommen –, die Vergütung der Experten ist jedoch Privatsache. Viele sträuben sich noch, weil sie dem Irrtum anhängen, die jetzige Form der Beratung sei kostenlos. Dabei ist die Vergütung in die Produkte einkalkuliert, ohne dass der Laie dies bemerkt. Würde er für die Beratung Honorar bezahlen, wären die eigentlichen Produkte nämlich deutlich billiger (fragen Sie nach dem Nettotarif!).

## 8.7  Wie sicher sind meine Geldanlagen?

Dass Betriebsrenten und Lebensversicherungen relativ sicher sind, wurde schon behandelt. Doch nicht jeder Euro ist bei der Geldanlage sicher. Zum einen sind Banken, Fondsgesellschaften, Bausparkassen und andere Produktgeber nicht automatisch vor einer Pleite sicher. Zum anderen können damit im Zusammenhang auch bestimmte Anlageformen wie Inhaberschuldverschreibungen oder Zertifikate platzen, wenn deren Herausgeber – Emittenten genannt – insolvent werden, etwa Unternehmen.

Banken können bei einer Insolvenz für die Einlagen der Sparer immer haftbar gemacht werden. Dafür sorgt in Deutschland ein sogenannter Einlagensicherungsfonds. Seit der großen Bankpleite 1976 helfen sich Kreditinstitute mit Geld aus diesem Fonds bei vorübergehenden Zahlungsschwierigkeiten. Jedes Geldhaus zahlt jährlich drei Tausendstel eines genau definierten Bilanzpostens in den Topf und erhält bei Engpässen Zuschüsse daraus. Zwar haben private Banken, Sparkassen und Volksbanken gesonderte Töpfe, den Kunden kann das jedoch egal sein: In allen Fällen eines Zusammenbruchs sind Sparer abgesichert – jedoch nicht immer bis auf den letzten Cent. Wie die Feuerwehr auch längst nicht bei jedem Einsatz alles Hab und Gut retten kann, schafft es der Einlagensicherungsfonds auch nicht immer, Anlegergeld bis auf den letzten Cent zu ersetzen. Im Prinzip ist es bei Banken zwar sicher, doch der Teufel steckt im Detail.

» **Beispiel:** Vorsicht gilt insbesondere bei Inhaberschuldverschreibungen von Privatbanken, also festverzinslichen Wertpapieren dieser Kreditinstitute. Sie sind im Gegensatz zu Schuldverschreibungen von Sparkassen und Volksbanken nicht abgesichert. Im Fall der Bankeninsolvenz ist der volle Anlagebetrag verloren.

Ansonsten gibt es bei Privatbanken eine umfangreiche Sicherung der Spareinlagen: Jede Anlagesumme ist bis zur Höhe von 30 % des haftenden Eigenkapitals der Bank abgesichert. Umgerechnet sind das im Insolvenzfall mindestens 1,5 Millionen Euro pro Kunde. Dieser freiwilligen Sicherungseinrichtung des Bundesverbandes Deutscher Banken gehört jedoch nicht jede Privatbank an. Die EU will diese Grenzen schrittweise absenken. Ab 2015 sollen noch mindestens 1,0 Millionen Euro pro Anleger bei jeder deutschen Privatbank sicher bleiben.

**Tipp:** Details zur konkreten Höhe der Einlagensicherung können Anleger für jede gewünschte Privatbank unter www.bankenverband.de im Servicebereich abfragen.

Damit Anleger hier nicht übervorteilt werden, gibt es eine gesetzliche Mindestsicherung, die ausnahmslos jede private Bank bieten muss. Konkret bedeutet dies: Im Pleitefall sind seit 2011 in jedem EU-Land maximal € 100 000,– pro Anleger geschützt, wobei der geschädigte Kunde anders als früher keinen Teil des Schadens selbst tragen muss. Einige EU-Länder garantieren per Gesetz einen noch höheren Schutz, bei einigen britischen Inseln ist dagegen gar kein Schutz vorhanden. Übrigens: Für diese gesetzliche Mindestsicherung in Deutschland ist die »Entschädigungseinrichtung deutscher Banken GmbH« zuständig (www.edb-banken.de).

Anders ist die Situation bei den rund 200 ausländischen Banken, die in Deutschland nur mit Zweigniederlassungen oder Zweigstellen vertreten sind. Sie stehen unter der Finanzaufsicht des jeweiligen Mutterlandes. Im Pleitefall müssten sich deutsche Anleger dann an die Entschädigungseinrichtung im Ausland wenden – was vor allem in Nicht-EU-Ländern ein Problem sein kann.

Falls eine Investmentfondsgesellschaft in die Insolvenz geht, sind Anleger fein raus: Als Sondervermögen sind Investmentfonds absolut sicher. Dieses Vermögen geht nicht in die Insolvenzmasse ein, sondern bleibt eigenständig erhalten. Die Verwaltung geht auf die Depotbank über. Sie hat dann den Investmentfonds abzuwickeln und den Erlös an die Anleger zu verteilen. Alternativ kann sie den Fonds mit Zustimmung der Bundesanstalt für Finanzdienstleistungsaufsicht (BaFin) an eine andere Fondsgesellschaft übertragen. Die Zahl der erworbenen Anteile ist dem Anleger also sicher, die Höhe pro Anteil jedoch nicht, denn die hängt wie in gesunden Zeiten der Fondsgesellschaft gar nicht von ihr ab, sondern vom Kapitalmarkt.

Damit das Geld nicht irgendwo versickern kann, wacht eine Depotbank, die zwischen Fonds und Anleger »geschaltet« werden muss, über das Vermögen der Anleger: Sie wickelt den Kauf und Verkauf von Wertpapieren und Immobilien nach Vorgabe des Fondsmanagers ab, hält das Fondsvermögen treuhänderisch auf einem Konto (Sondervermögen), überwacht die Einhaltung der gesetzlichen Bestimmungen und berechnet den Anteilspreis. Wird die Depotbank insolvent, so wird die Fondsgesellschaft einen Wechsel der Depotbank veranlassen, oder die BaFin wird dies anordnen. Das Fondsvermögen, das vom eigenen Vermögen der Depotbank getrennt in Sperrdepots bzw. Sperrkonten liegt, wird dann zur neuen Depotbank übertragen.

> **Tipp:** Einlagen und Zinsen von Bausparverträgen sind bei allen privaten Bausparkassen in Deutschland in unbegrenzter Höhe abgesichert.

# 9 Eigene Immobilie für den Ruhestand

Die Hälfte des Privatvermögens in Deutschland steckt in Immobilien. Das sogenannte Betongold gilt als feste Burg der Altersvorsorge: Der klassische Sachwert schützt weitgehend vor einem Vermögensverlust durch Geldentwertung. Auf lange Sicht gleicht die ersparte Miete Einkommenseinbußen im Alter aus. Daher stellt sich spätestens ab 50 die Frage, ob man auch dann weiter eine Mietwohnung nutzen will, wenn die Kinder aus dem Haus sind, oder ob Wohneigentum im Alter günstiger käme.

## 9.1 Mieten oder kaufen?

Um mit 65 schuldenfrei zu sein, müsste mit 50 schon ein solider Grundstock an Eigenkapital – etwa 50 % des Kaufpreises – vorhanden sein, wenn die späten Träume von den eigenen vier Wänden noch reifen sollen, ohne den Rentenbeginn mit Kreditraten zu belasten. Im Vergleich zu Geldanlagen und Versicherungen gibt es bei Wohneigentum jedoch vier entscheidende Besonderheiten:

- Der finanzielle Einsatz ist ungleich höher und lässt sich häufig nur über Kredit finanzieren.

- Bauen oder Kaufen erfordern einen ungleich höheren persönlichen Einsatz, Zeit, handwerkliches Geschick und auch ein Mindestmaß an Fachwissen in Sachen Bau, Finanzierung und Recht.

- Immobil heißt unbeweglich; eine Immobilie ist gegenüber Geldanlagen unflexibel. Daher sollte der Anlagehorizont langfristig – bis lebenslang – sein. Sonst drohen beim Verkauf Verluste.

- Die schrumpfende Bevölkerung lässt die Nachfrage nach Immobilien in Zukunft wahrscheinlich stark sinken. Damit fallen auch die Chancen für einen vernünftigen Wiederverkaufserlös im Alter und eine halbwegs vernünftige Rendite. Immerhin wird oft Inflationsschutz geboten.

# 9 | Eigene Immobilie für den Ruhestand

Der Bau oder Kauf einer eigenen Immobilie kostet viel Geld. Immerhin läuft eine klassische Finanzierung zumeist über 20 bis 30 Jahre, ehe der Eigentümer schuldenfrei ist. Am Ende ist das Eigenheim mit Zins und Zinseszins mindestens »zweimal« bezahlt. Aber Mieten werden – wie andere Dinge des täglichen Lebens auch – tendenziell immer teurer. Zwar ist die monatliche Belastung für den Eigentümer besonders am Anfang größer als die des Mieters. Doch dieser Nachteil kehrt sich im Laufe der Zeit um: So muss ein Mieter, der heute € 600,– Miete im Monat bezahlt, schon vom zwölften Jahr an mehr Belastung verkraften als ein Kreditnehmer, der ein 180 000-Euro-Objekt finanziert hat. Ein weiterer »unsichtbarer« Vorteil des Eigentümers: Jede Schuldentilgung schafft Vermögen. Das wächst unaufhaltsam, weil Immobilien mit den Jahren an Wert zulegen – so zumindest eine viele Jahre gültige Faustregel in günstigen Lagen, falls nicht zu teuer eingekauft wurde. Heute muss man schon genauer hinsehen; in schlechten Lagen und Regionen sind reale Wertverluste an der Tagesordnung.

Ob Wohneigentum tatsächlich lohnt, hängt bei guter Lage und Objektqualität primär vom Kaufpreis ab. Viele brauchen heutzutage rund € 250 000,– für Grund und Haus bzw. eine Eigentumswohnung. Bei dieser Größenordnung müssen Sie bei einer Finanzierung von € 185 000,– mit rund € 1 100,– monatlicher Belastung rechnen. Die Käufergruppe 50plus muss natürlich anders rechnen: Hier sollte nur so viel Kredit aufgenommen werden, dass die vollständige Rückzahlung bis zum Ruhestandsbeginn erfolgt und die laufenden Raten bis dahin die Liquidität nicht gefährden.

> **Tipp:** Der Immobilienverband Deutschland (IVD) bringt jedes Jahr im Spätsommer/Herbst bundesweite Preisspiegel heraus (www.ivd.net). Diese beziehen sich auf Baugrundstücke, Eigenheime, Reihen- und Doppelhäuser, Eigentumswohnungen und Wohnungsmieten in rund 370 Städten und kosten etwa € 75,–. Da der Markt überhaupt nicht transparent ist, sollten Sie sehr gründlich suchen und sich Höchstmarken für den Preis setzen.

## 9.2 Die passende Finanzierung

Neben dem unverzichtbaren Eigenkapital stehen Bauwilligen folgende Finanzierungsquellen zur Verfügung: Hypothekendarlehen, Bauspardarlehen, Fördermittel der Länder, Zuschüsse des Bundes und steuerliche Hilfen, darunter auch Wohn-Riester (siehe hierzu Kapitel 4.6). Die universelle Finanzierungsform ist das Hypothekendarlehen. Dabei wird oft für fünf, zehn oder gar 20 Jahre ein fester Zins vereinbart, mit jährlich gleichbleibendem Betrag aus Zinsen und Tilgung. Die preiswertesten Angebote liefern häufig sogenannte Direktanbieter, die mit Hypothekenbanken zusammenarbeiten.

> **Tipp:** Die Zielgruppe 50plus benötigt bei Finanzierungsbedarf vor allem eine kurze Laufzeit beim Hypothekendarlehen. Wer jetzt mit 53 finanzieren will und im Regelfall mit 66 in den Ruhestand tritt, sollte maximal 13 Jahre Laufzeit wählen. Sonst fressen die Finanzierungsraten im Ruhestand die Altersrente auf.

Die Zinszahlung richtet sich nach dem für die Laufzeit vereinbarten Nominalzins. Gemeint ist der eigentliche Zins, zu dem Bauherren jedoch noch weitere Kosten hinzurechnen müssen, wie Bearbeitungsgebühren und Kreditvermittlung. Die sind dann im Effektivzins eingerechnet. Die Tilgung beträgt anfänglich meist 1 % der Darlehenssumme. Ganz grob gerechnet weist der Schuldenstand eines Darlehens, das anfänglich mit 1 % getilgt wird, nach knapp 30 Jahren die Zahl Null aus. Diese Frist lässt sich verkürzen – und muss von der Käuferzielgruppe 50plus auch verkürzt werden. Man sollte mit 5 % oder mehr Prozent Tilgungsleistung starten, damit Sie spätestens mit dem Ende der Berufstätigkeit schuldenfrei sind. Oder bei zu wenig Eigenkapital besser den Traum vom eigenen Heim im Alter begraben.

# 9 | Eigene Immobilie für den Ruhestand

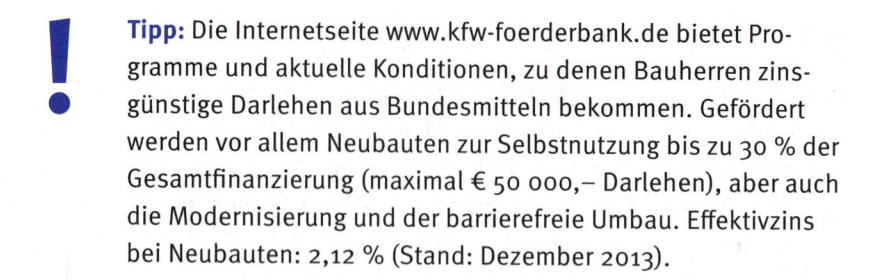

> **!** **Tipp:** Die Internetseite www.kfw-foerderbank.de bietet Programme und aktuelle Konditionen, zu denen Bauherren zinsgünstige Darlehen aus Bundesmitteln bekommen. Gefördert werden vor allem Neubauten zur Selbstnutzung bis zu 30 % der Gesamtfinanzierung (maximal € 50 000,– Darlehen), aber auch die Modernisierung und der barrierefreie Umbau. Effektivzins bei Neubauten: 2,12 % (Stand: Dezember 2013).

## 9.3 Haus oder Wohnung?

Zwischen eigenem Haus und eigener Wohnung gibt es gravierende Unterschiede. Vor allem die individuelle Freiheit ist nirgends so groß wie beim frei stehenden Einfamilienhaus mit angemessen großem Grundstück. Wer ein Haus kauft, muss allerdings die baulichen Bedingungen – Beleuchtung, Zufahrt, Energie, Wasser, Abwasser, TV-Empfang, Telefonkabel – meist erst herstellen. Das kostet zusätzlich Geld.

Häufig wird kurz vor dem Ruhestand die passende Wohnung mit den Ersparnissen erworben, um künftig keine Miete mehr zahlen zu müssen. Besitzer von Eigentumswohnungen sind unabhängiger als Besitzer von Eigenheimen. So brauchen sie sich bei Abwesenheit kaum Sorgen um ihr Domizil zu machen, Heizung, Bewachung oder Schneeräumen funktionieren weiter. Auch die Kommunikation klappt in der Wohnanlage meist besser als in einer Eigenheimsiedlung, da mehr Nachbarn vorhanden sind.

Immer öfter bieten Wohnanlagen seniorengerechte Eigentumswohnungen. Vor dem Kauf sollten Sie sich jedoch genau informieren und dabei nicht vergessen, dass der Käufer einer Wohnung Alleineigentum an seiner Wohnung erwirbt (auch Sondereigentum genannt) sowie Gemeinschaftseigentum an Haus und Grundstück (zum Beispiel Treppenhaus, Heizung, Dach).

## Was bei Eigentumswohnungen wem gehört

| Alleineigentum | |
|---|---|
| Nicht tragende Innenwände, Innentüren | Hier kann der Wohnungskäufer wie ein Hausbesitzer schalten und walten sowie verändern. |
| Fußbodenbeläge | |
| Einbaumöbel | |
| Sanitäre Einrichtungen, Heizkörper | |
| Loggia, Terrasse, Balkon, Keller | |
| Stellplatz in Gemeinschaftsgarage | |
| **Gemeinschaftseigentum** | |
| Tragende Gebäudeteile, Außenwände, Fundamente | Veränderungen bedürfen der Zustimmung aller Eigentümer. |
| Wohnungseingangstüren, Fenster | |
| Treppenhaus, Lift | |
| Heizungsanlagen | |
| Elektrische und sanitäre Leitungen bis zum Wohnungsanschluss | |
| Grundstück | |
| Kfz-Parkplatz im Freien | |

Die Lage des Objekts ist bei jedem Immobilienkauf das Wichtigste. Prüfen Sie, ob Ihre Ansprüche an Ruhe und Schutz vor störenden Einflüssen erfüllt werden. Einsicht in den Bebauungsplan bei der Gemeinde lässt erkennen, ob künftig einschneidende Veränderungen (Straßenführung) zu erwarten sind. Ziehen Sie Häuser in etablierter Lage dem Neubau auf der grünen Wiese oder am Stadtrand vor. Lange Wege haben für ältere Menschen keine Perspektive.

> **Tipp:** Die Eigentümergemeinschaft bestimmt die Wohnzufriedenheit mit. Zwar können Sie innerhalb Ihrer vier Wände weitgehend tun und lassen, was Sie wollen, Entscheidungen für die Erhaltung, Sanierung oder Veränderungen am Gemeinschaftseigentum müssen alle Eigentümer gemeinsam treffen und bezahlen. Ein Blick in das Protokoll der letzten Eigentümerversammlung gibt Aufschluss, ob es zwischen den Eignern kontrovers oder harmonisch zugeht.

Auch die Teilungserklärung sollten Sie vor dem Kauf genau studieren. Sie legt fest, was Gemeinschafts- und was Sondereigentum ist und wie das gemeinsame Eigentum genutzt werden darf. Wird zum Beispiel der zum Grundstück gehörende Garten als Rasenfläche definiert, ist dies kein Spielplatz für Kinder. Die Gemeinschaftsordnung gehört zum Kaufvertrag, lesen Sie das Dokument vor dem Abschluss genau. Die Ausstattung beeinflusst Ihr Wohlbefinden. Der Zuschnitt der Wohnung, Ausrichtung von Balkon oder Terrasse, die Erreichbarkeit der Ruhezonen oder des Pkw-Standplatzes sollten ihren Wünschen entsprechen.

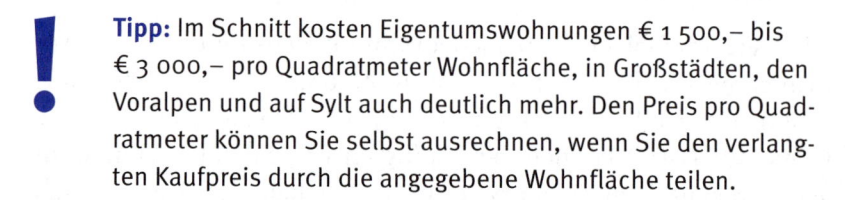

> **Tipp:** Im Schnitt kosten Eigentumswohnungen € 1 500,– bis € 3 000,– pro Quadratmeter Wohnfläche, in Großstädten, den Voralpen und auf Sylt auch deutlich mehr. Den Preis pro Quadratmeter können Sie selbst ausrechnen, wenn Sie den verlangten Kaufpreis durch die angegebene Wohnfläche teilen.

## 9.4 Vermietete Immobilien als Kapitalanlage

Wenn von Geldanlage mit Immobilien die Rede ist, sind nicht Selbstnutzer gemeint, sondern Kapitalanleger. Diese Sparer stecken ihr Geld vorwiegend in Wohnimmobilien, die sie dann an andere Leute vermieten, um Geld zu verdienen. Sie hängen jedoch mehr als Geldanleger bei Bankprodukten von Vergünstigungen bei der Einkommensteuer ab, denn die Rechnung geht nur für Besserverdiener mit hohem Steuersatz auf. Dann können solche Sachwerte empfehlenswert sein, wenn die Lage stimmt und die zu vermietende Wohnung nicht zu teuer eingekauft wird. Fürs Alter ist es wie bei der selbst genutzten Immobilie günstig, wenn spätestens zum Berufsausstieg die Kredite zurückgezahlt sind. Auch wer sein Kapital in Immobilien investiert, in denen andere wohnen oder arbeiten, kann womöglich von den Mieteinnahmen gut leben – allerdings kosten die Verwaltung des Hauses und die Pflichten als Vermieter Zeit und Geld.

Bei Anlageimmobilien setzt sich die Rendite aus den laufenden Mieteinnahmen, den steuerlichen Vorteilen (Abschreibungen aus Abnutzung, Schuldzinsenabzug) und dem steuerlichen Wertzuwachs zusammen – abzüglich laufender Kosten. Der Gewinn beim Immobilienverkauf muss nicht versteuert werden, wenn zwischen Bau / Kauf und Verkauf wenigstens zehn Jahre liegen. Den aktuellen Verkehrswert zu kennen ist für jeden Käufer unerlässlich. Speziell für Kapitalanleger sind noch der zukunftsorientierte Ertragswert und eine halbwegs verlässliche Renditeprognose wichtig. Die können Sie selbst abschätzen, indem Sie vor dem Kauf so viel wie möglich über die Immobilie in Erfahrung bringen. Um keinen Reinfall zu erleben, muss man sich viel stärker mit dem Gegenstand befassen als etwa beim Kauf von festverzinslichen Wertpapieren oder Versicherungen.

Es gibt keinerlei Garantie, dass sich der finanzielle Einsatz für Kauf und Vermietung der Wohnung in einer bestimmten Zeit um so und so viel Prozent verzinst. Auch den gewünschten Erlös beim späteren Verkauf kann niemand garantieren. Insofern ist eine Anlageimmobilie am ehesten mit einer Aktie zu vergleichen, die auf lange Sicht hohe Wertsteigerung verheißt, wenn alle Rahmenbedingungen einschließlich Kaufpreis günstig sind und der Anleger nicht in Zeitnot gerät.

# 9 | Eigene Immobilie für den Ruhestand

Überlegenswert ist für Käufer auch, nach vollständiger Abzahlung des häufig nötigen Darlehens und Ausnutzung der Steuervorteile während der Berufstätigkeit dann zu Beginn des Ruhestandes selbst in die Wohnung einzuziehen. Somit fällt im Alter die Mietbelastung weg – ein echter finanzieller Vorteil, der in aller Regel mit 20 % des Alterseinkommens beziffert wird.

> **Tipp:** Letztlich lohnt der Kauf einer Wohnung zur vorübergehenden Vermietung nur, wenn der Kaufpreis und die Lage stimmen, Mietsteigerungen realistisch sind und der Käufer über mindestens € 5 000,– Monatseinkommen aufwärts verfügt – möglichst bis zum Verkauf bzw. Einzug in die Wohnung. Nur so ist eine nennenswerte Rendite erzielbar.

Eine vermietete Wohnung ist ein heikles Geschäft, wenn eine regelmäßige Mietsteigerung während der eigenen Berufstätigkeit nicht durchsetzbar ist. Zudem sollte die anfängliche Brutto-Mietrendite nicht unter 4 % liegen. Die Brutto-Mietrendite errechnet sich nach folgender Faustformel: Realistisch erzielbare monatliche Nettokaltmiete pro m² Wohnfläche × 12 Monate × 100, geteilt durch den Kaufpreis pro m².

Die Betonung liegt auf »brutto« – ohne Verwaltungskosten, Rückstellungen für Instandhaltung, Leerstand, Nebenerwerbskosten und Finanzierung. Häufig bleibt netto von der Rendite nämlich kaum etwas übrig.

Um ungefähr abzuschätzen, ob sich ein Kauf lohnt, fragen sich Fachleute: Wie viele Jahresnettokaltmieten (ohne Heizung, Müll und andere Betriebskosten) muss ich aufwenden, um den Kaufpreis bezahlen zu können? Liegt dieses Kaufpreis-Miete-Verhältnis unter 20, gilt das als günstig. Es gelten jedoch regionale Unterschiede. Erfahrung: Wohnungen in guten Lagen kosten nördlich des Mains (Norddeutschland) das 15- bis 20-Fache der Jahresmiete, in Süddeutschland das 21- bis 25-Fache.

**Rendite vermieteter Eigentumswohnungen auf Basis des Einkaufspreises (in %)**

| Mietsteigerung (in % pro Jahr) | Einkaufspreis als ...-Faches der Jahresmiete | | | | | |
|---|---|---|---|---|---|---|
| | 15 | 17 | 19 | 21 | 23 | 25 |
| 0 | 4,15 | 3,40 | 2,83 | 2,38 | 2,02 | 1,73 |
| 0,5 | 5,10 | 4,33 | 3,76 | 3,31 | 2,94 | 2,64 |
| 1,0 | 6,00 | 5,23 | 4,65 | 4,20 | 3,83 | 3,53 |
| 1,5 | 6,86 | 6,09 | 5,50 | 5,05 | 4,68 | 4,38 |
| 2,0 | 7,72 | 6,94 | 6,35 | 5,89 | 5,52 | 5,21 |
| 2,5 | 8,56 | 7,77 | 7,18 | 6,71 | 6,34 | 6,03 |
| 3,0 | 9,38 | 8,59 | 7,99 | 7,52 | 7,14 | 6,83 |

Quelle: Finanzanalytiker Volker Looman

**So lesen Sie die Tabelle:** Wer eine Wohnung zum 17-fachen Preis der Jahresmiete kauft, kann bei der Annahme einer jährlich erzielbaren Mietsteigerung von 1,5 % auf eine Bruttorendite von 6,09 % kommen. Allerdings sind dabei die Kosten noch abzuziehen, insbesondere für die Finanzierung.

## 9.5 Lebenslanges Wohnrecht organisieren

Das vorhandene Eigenheim lässt sich in Deutschland neuerdings auch in eine »Rente aus Stein« umwandeln. Wie geht das? Das Haus wird nicht verkauft, sondern verrentet. Ruheständler können ihr Eigenheim beleihen, um die Rente aufzubessern. Die Modelle sind aber nicht ohne Tücke – und die Zusatzrente oft viel zu klein. Die Angebote sind sehr unterschiedlich und auf den ersten Blick auch kompliziert. Daher dürften die meisten Ruheständler wohl vorerst zurückhaltend sein. Doch wer Geld im Alter braucht, kann sein schuldenfreies Haus nicht essen. Daher blieb bislang nur der Verkauf, was viele nicht wollen. Das Modell »Verzehr dein Haus«, also die Immobilienrente, hat daher Charme.

## 9 | Eigene Immobilie für den Ruhestand

> **Beispiel:** Durch die Aufnahme eines langfristigen Immobiliendarlehens in Kombination mit einer Rentenversicherung wird von der R+V Lebensversicherung eine lebenslange monatliche Rentenzahlung garantiert, obwohl das Haus bzw. die Wohnung nicht verkauft wird. Das ist ziemlich neu in Deutschland. Zuvor wurde das Prinzip der »umgekehrten Hypothek« auf eine Einmalzahlung beschränkt (Immokasse / DKB), eine Rente bis maximal 90 gewährt (Investitionsbank Schleswig-Holstein) oder Rente und Dauerwohnrecht nur nach Verkauf geboten (Stiftung Liebenau). Bei R+V hat der Kunde auch bei Verkauf der Immobilie, etwa bei Einzug ins Pflegeheim, weiterhin einen Rentenanspruch.

Der Weg: Es ist für den Kunden nur ein Darlehensvertrag »Monatliche Immobilienrente mit grundpfandrechtlicher Sicherung« nötig. Im Hintergrund hat R+V ein Rückversicherungspaket mit zwei Rentenversicherungen und einer Forderungsausfallversicherung geschnürt, um die Rentengarantie darzustellen. Die erste Police spart schon ab Vertragsbeginn die Rente ab 85 an, denn das Darlehen ist bis 85 kalkuliert. Es gibt jedoch kein gesondertes Kleingedrucktes für den Kunden, der bei Vertragsabschluss mindestens 65 und höchstens 80 Jahre alt sein darf und über lastenfreies Wohneigentum im Wert von mindestens € 250 000,– verfügt. Bei guter Lage sind bis zu 80 % des nachhaltigen Beleihungswertes als Basis für die Rente drin. Als Sicherheit lässt sich R+V im ersten Grundbuchrang ein Grundpfandrecht in Höhe des Marktwerts der Immobilie eintragen. An die Sicherheit des Kunden ist auch gedacht: Das Darlehen wird aus dem Sicherungsvermögen bezahlt; im Pleitefall der R+V würde der Sicherungsfonds der deutschen Lebensversicherer, Protektor, einspringen.

Die Immobilie muss eine entsprechende Restnutzungsdauer mit solidem Erhaltungszustand aufweisen. Vereinbart wird eine regelmäßige Besichtigung und Bewertung des Eigenheims. Die Kosten sind im Sollzins eingepreist. Überschuldungs- und Forderungsausfallschutz garantieren aber, dass der Kunde oder mögliche Erben keine Nachzahlungen bei Wertverfall leisten müssen. Fazit: Die umgekehrte Hypothek bietet Hauseigentümern erstmals eine kostengünstige Chance, mit einer Zusatzrente ihr im Haus gebundenes Vermögen teilweise wieder flüssigzumachen und trotzdem Eigentümer zu bleiben.

Es ist jedoch nicht alles Gold, was glänzt. Der Markt hat inzwischen knapp 20 Angebote parat, die sich teilweise dramatisch unterscheiden und so kaum vergleichbar sind. Eine Untersuchung von 2013 der Zeitschrift »Ökotest« offenbarte die unterschiedlichen Modelle:

**Umgekehrte Hypothek:** Der Hausbesitzer beleiht seine Immobilie und bekommt im Gegenzug eine monatliche Rente oder einen einmaligen Kapitalbetrag. Die Auszahlungen sind steuerfrei; Sie können weiter in Ihrem Haus leben. Als Sicherheit für den Kredit wird lediglich eine Grundschuld eingetragen. Für das Darlehen fallen während der Laufzeit keine Raten an. Zins- und Tilgungszahlungen werden gestundet. Zurückgezahlt wird üblicherweise erst nach dem Tod oder bei Umzug in ein Pflegeheim – notfalls aus dem Verkauf.

**Verkauf gegen Leibrente:** Dabei wechselt das Haus gleich zu Vertragsbeginn den Eigentümer. Die bisherigen Besitzer können aber wohnen bleiben. Dazu wird ein lebenslanges Wohnrecht im Grundbuch eingetragen. Der Wert des Wohnrechts wird bei Berechnung der Leibrente abgezogen, da Sie trotz Verkauf die Miete sparen. Zumeist trägt der neue Besitzer alle Instandhaltungskosten (Verhandlungssache). Neu sind Kombinationen aus zeitlich begrenzter Rente und lebenslangem Wohnrecht. Das erhöht die Rente leicht.

**Rentenhypothek:** Das ist ein ganz normales Immobiliendarlehen, aber speziell auf Senioren zugeschnitten. Die Laufzeit kann bis an das Lebensende reichen, wobei die Zinsen je nach Anbieter für die Dauer von fünf, zehn, 15 Jahren oder gleich für die gesamte Laufzeit festgeschrieben werden. Anders als bei der Umkehrhypothek müssen Sie die laufenden Zinskosten aber regelmäßig aus Ihrem Einkommen bestreiten. Tilgungszahlungen sind ebenfalls möglich, aber nicht zwingend vorgeschrieben. Getilgt wird am Ende der Laufzeit entweder aus dem Hausverkauf oder durch sonstiges Vermögen.

Wird das Geld aus der Rentenhypothek in einen Auszahlplan eingezahlt, können Sie sich Ihre eigene Immobilienrente basteln. Bedingung: Das Geld muss in eine sichere Anlageform gesteckt werden.

Jedes Modell ist anders. Der Ökotest für ein 70-jähriges Ehepaar, das ein Haus im Wert von € 300 000,- besitzt, ergab: Die Ruheständler können zwischen € 335,- lebenslange und € 863,- zeitlich befristete Monatsrente erwarten. Zu beachten sind dabei jedoch die Unterschiede, ob man Eigentümer bleibt oder nicht. Die Erträge dürften für viele Senioren viel zu niedrig sein, um die finanzielle Lücke im Alter nachhaltig zu schließen. Nur drei Anbieter offerierten überhaupt eine lebenslange Monatsrente. Generell erscheint die Immobilienrente am ehesten für Eigentümer interessant, die keine Erben haben oder deren Erben gut versorgt sind.

## 9.6 Wie sicher ist meine Hausfinanzierung?

Wer kein Geld verschenken will, sollte möglichst viele Kreditangebote einholen und vergleichen. Und wer erst mit Mitte 50 kauft, sollte sich – wie schon erwähnt – eine sehr hohe Tilgung leisten können, um zu Beginn des Ruhestandes bereits schuldenfrei zu sein. Grund: Dann ist mit sinkendem Einkommen zu rechnen, von dem nicht noch laufende Raten für den Immobilienkredit abgehen sollten.

Wer die Immobilie zur Vermietung auf Kredit kauft, muss die Zinskosten für Fremdkapital abrechnen, sodass unterm Strich nicht viel mehr Rendite übrig bleibt als in schlechten Zeiten beim Sparbuch – 1 %. Lediglich Besserverdiener ab € 5 000,- Monatseinkommen aufwärts können durch den Steuervorteil doch noch auf eine nennenswerte Rendite kommen. Um das zu schaffen, muss die Wohnung aber über alle Jahre pausenlos vermietet sein und der Wert um mindestens 2 % pro Jahr wachsen. Zugleich darf das Gehalt nicht sinken und das Objekt muss sich später auch mit dem kalkulierten Wertgewinn verkaufen lassen.

An der Wirtschaftlichkeit sollte sich im Ruhestand kaum etwas ändern. Das Mietrecht ist 2013 sogar vermieterfreundlicher geworden. Auch die Nachfrage nach Immobilien ist seit der Finanzkrise kräftig gestiegen. War die Immobilie also seinerzeit zu einem relativ günstigen Preis in guter Lage bei vernünftigem Arbeitsmarkt der Region angeschafft worden, müssen Sie sich auch im Ruhestand keine Sorgen über die Wirtschaftlichkeit machen. Achten Sie nur darauf, dass die Mieten und die Kosten einigermaßen im Gleichschritt steigen. Auf diese Weise haben Sie auch die Inflation gut im Griff.

> **Tipp:** Ist die Immobilie entschuldet, bleibt an steuerlichen Effekten im Ruhestand nur noch die Abschreibung der Immobilien. Die Abschreibung der Gebäudekosten – genauer: »Absetzung für Abnutzung« (AfA) – beläuft sich in der Regel jedes Jahr auf genau 2 % der Gebäudekosten. Spätestens 50 Jahre nach dem Kauf geht das Finanzamt davon aus, dass die Immobilie wertlos ist. Der Fiskus gewährt dann definitiv keine Steuervergünstigung mehr, obwohl Immobilien tatsächlich bei guter Pflege sehr viel an Wert besitzen können.

### Abschreibungen für Alt- und Neubauten

| Fertigstellung | Abschreibungssatz[1] (in %) | Dauer der Abschreibung |
|---|---|---|
| Altbauten | | |
| bis 1924 | 2,50 | 40 Jahre |
| ab 1925 | 2,00 | 50 Jahre |
| Neubauten | | |
| ab 31. 12. 2004[2] | 4,00 | 1. bis 10. Jahr |
| | 2,50 | 11. bis 18. Jahr |
| | 1,25 | 19. bis 50. Jahr |
| ab 2006[2] | 2,00 | 50 Jahre |

1) Der Gebäudeanschaffungs- oder Herstellungskosten (ohne Grund und Boden).
2) Bauantrag eingereicht bzw. Kaufvertrag unterschrieben.

# 10 Vermögensmanagement zu Rentenbeginn

Mit Beginn des Ruhestandes soll sich die jahrelange Altersvorsorge endlich auszahlen. Auf den unterschiedlichsten Wegen ist hoffentlich ein ausreichend hohes Vermögen zusammengekommen, das die gesetzliche Altersrente aufbessert. Denn der Staat bietet perspektivisch nur noch 40 % vom letzten Nettoeinkommen als Grundversorgung im Alter.

Auch das größte Vermögen nutzt Ruheständlern wenig, wenn es keine regelmäßigen Erträge abwirft. Denn bei einer statistischen Lebenszeit von 20 Jahren und mehr ab dem Rentenstart schmilzt das Geld schnell zusammen, wenn das Vermögen nicht weiter rentierlich angelegt wird. Lediglich der monatlich nötige Auszahlungsbetrag geht davon ab – Monat für Monat. Individuelle Auszahlpläne von Banken und Fondsgesellschaften oder eine sofort beginnende Rentenversicherung helfen bei der Planung. Entscheiden müssen Sie als Anleger lediglich die Frage, ob Sie das Vermögen aufbrauchen oder für die Erben erhalten wollen?

## 10.1 Das richtige Verhältnis von Kapitalverzehr und Kapitalerhalt

Ist Ihr Einkommen im Ruhestand hoch genug, um den gewünschten Lebensstandard zu gewährleisten? Die Erfahrung zeigt, dass einzelne Ausgaben abnehmen, andere hingegen steigen. In jedem Fall bleibt im Ruhestand mehr Zeit – auch zum Geldausgeben. Gerade in den ersten Jahren nach der Erwerbsaufgabe steigen die Ausgaben für Urlaub, Hobbys und andere Freizeitbeschäftigungen.

Um die gewünschte Balance zwischen Verzehr und Erhaltung des Kapitals zu erreichen, muss jeder für sich nur eine Entscheidung treffen: Soll das Kapital so ausgezahlt werden, dass zu einem bestimmten Zeitpunkt nichts mehr übrig ist (Kapitalverzehr), oder in solchen

Monatszahlungen, dass am Ende das gesamte Geld noch erhalten ist (Kapitalerhalt). Natürlich ist auch eine Zwischenlösung denkbar, die den vollständigen Verzehr zeitlich weiter hinausschiebt oder verhindert (Teil-Kapitalverzehr). Hier bietet sich die statistische Lebenserwartung an, die etwa bei 85 Jahren liegt. Um die Entscheidung bewusst treffen zu können, sollte man zunächst eine Vorstellung davon bekommen, wie lange die Ersparnisse überhaupt reichen würden. Beginnen wir mit der vorsichtigsten Variante, dem Kapitalerhalt.

**Auszahlplan mit Kapitalerhalt**[1]

| Gesamtsumme (in Euro) | Monatsrente (in Euro) bei Wertsteigerung von[2] | | |
|---|---|---|---|
| | 5 % | 6 % | 7 % |
| 50 000,– | 203,– | 243,– | 282,– |
| 100 000,– | 407,– | 486,– | 565,– |
| 150 000,– | 512,– | 730,– | 848,– |
| 200 000,– | 810,– | 970,– | 1 130,– |
| 250 000,– | 1 020,– | 1 217,– | 1 413,– |
| 300 000,– | 1 221,– | 1 458,– | 1 695,– |

1) So viel kann auf Lebenszeit entnommen werden, ohne die Gesamtsumme anzugreifen.
2) Wertsteigerung nach Abzug der Abgeltungsteuer.

**So lesen Sie die Tabelle:** Wer ein Vermögen von € 100 000,– beibehalten will und es schafft, das Geld für 5 % Rendite pro Jahr nach Abzug der Abgeltungsteuer anzulegen, kann jeden Monat € 407,– zum Leben entnehmen. Diese Höhe ist in Zeiten niedriger Zinsen jedoch ein sehr ehrgeiziges Unterfangen.

Die riskanteste Variante dagegen wäre der völlige Verbrauch des Geldes, der Kapitalverzehr. Riskant deshalb, weil das Geldvermögen früher oder später aufgebraucht ist und Ihnen dann womöglich nur noch die gesetzliche Altersrente bleibt. Dies schränkt den finanziellen Spielraum in höherem Alter erheblich ein, obwohl gerade dann womöglich hohe Gesundheitskosten zu bezahlen sind.

# Vermögensmanagement zu Rentenbeginn | 10

## Auszahlplan mit Kapitalverzehr[1)]

| Gesamtsumme (in Euro) | Entnahme (in Jahren) | Monatsrente bei Wertsteigerung[2)] von | | |
|---|---|---|---|---|
| | | 5 % | 6 % | 7 % |
| 50 000,– | 5 | 562,– | 575,– | 587,– |
| | 10 | 315,– | 329,– | 343,– |
| | 15 | 235,– | 250,– | 265,– |
| | 20 | 196,– | 211,– | 227,– |
| 100 000,– | 5 | 1 874,– | 1 916,– | 1 958,– |
| | 10 | 1 050,– | 1 096,– | 1 144,– |
| | 15 | 782,– | 832,– | 882,– |
| | 20 | 652,– | 707,– | 762,– |

1) So viel kann entnommen werden, bis Konto auf null steht.
2) Wertsteigerung nach Abzug der Abgeltungsteuer.

**So lesen Sie die Tabelle:** Wenn das Vermögen von € 100 000,– nach und nach aufgezehrt werden soll und Sie es gleichzeitig schaffen, das Geld für 5 % Rendite nach Steuern pro Jahr anzulegen, können Sie jeden Monat € 652,– zum Leben entnehmen, wenn das Konto in 20 Jahren aufgebraucht sein soll. Muss das Geld bei dieser Verzinsung nur zehn Jahre reichen, können Sie € 1 050,– Rente pro Monat verbrauchen, bis das Kapital aufgezehrt ist.

Auszahlpläne, die auf Kapitalverzehr angelegt sind, bergen größere Risiken als solche, bei denen das Vermögen erhalten bleibt. Rechnen Sie zwischendurch immer wieder mal aus, ob nach Ablauf des Auszahlplans mit Kapitalverzehr die sonstigen Einkünfte wie gesetzliche Altersrente, Betriebsrente oder Einnahmen aus Vermietung oder Verpachtung zur finanziellen Bewältigung des Alltags ausreichen würden.

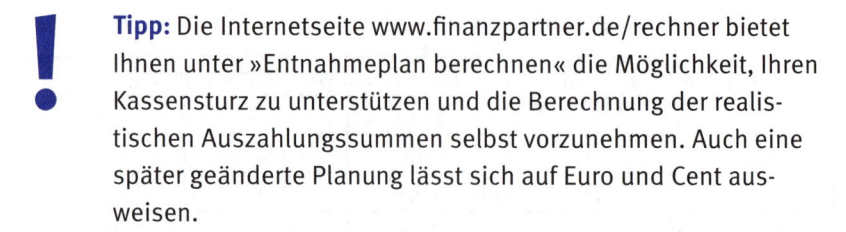

> **Tipp:** Die Internetseite www.finanzpartner.de/rechner bietet Ihnen unter »Entnahmeplan berechnen« die Möglichkeit, Ihren Kassensturz zu unterstützen und die Berechnung der realistischen Auszahlungssummen selbst vorzunehmen. Auch eine später geänderte Planung lässt sich auf Euro und Cent ausweisen.

Im Zweifel lässt sich die ursprüngliche Planung korrigieren bzw. neu justieren. Beispiel Auszahlplan mit Teil-Kapitalverzehr. Dadurch lässt sich zum Beispiel erreichen, dass am Ende der gewählten Laufzeit wenigstens noch die Hälfte vom Kapital übrig bleibt. Fix und fertige Auszahlpläne mit Teil-Kapitalverzehr sind am Markt aber noch eine Rarität. Sie sind am ehesten noch bei einigen Sparkassen zu bekommen. Der Auszahlplan lässt sich jedoch auch selbst basteln: Sie teilen den Anlagebetrag einfach je zur Hälfte auf einen Auszahlplan mit Kapitalverzehr und einen ohne Kapitalverzehr auf.

Angebote gibt es bei Banken, Fondsgesellschaften und auch bei Versicherungen (Sofortrente gegen Einmalbeitrag) – siehe nächste Abschnitte. Letztere läuft als einziges Produkt lebenslang und kostet auch keine Abgeltungsteuer. Dafür ist die Sofortrente teurer, da das Todesfallrisiko eingepreist ist. Bei Fonds wird das Kapitalmarktrisiko ungefiltert eingepreist. Bei Auszahlplänen von Banken müssen die Zinsen nach Ablauf der ursprünglich vereinbarten Dauer neu ausgehandelt werden. In allen Fällen bei Banken und Fondsgesellschaften gilt: Der Ehepartner ist automatisch mit abgesichert, ohne dass dafür Zusatzkosten anfallen: Der Plan läuft auch im Todesfall einfach weiter – bis zum Ende der vereinbarten Anlagedauer.

## 10.2 Der Zinseszins zählt auch im Alter

Niedrige Zinsen sind gut für Kreditnehmer, aber schlecht für Sparer. Dies ist eine Binsenweisheit, aber die verheerenden Wirkungen eines dauerhaft sehr niedrigen Zinses zeigen sich in erster Linie bei der langfristigen Kapitalanlage, die auch ab 65 bei einem häufigen Zeithorizont von noch 20 Jahren Lebenszeit noch eine Überlegung wert ist. Die Chance auf »Überrendite« wird durch den Zinseszins verursacht – das ist der Zins, mit dem sich über die Jahre anfallende und wieder angelegte Zinseinnahmen verzinsen.

Was in der Theorie kompliziert klingen mag, zeigt ein Beispiel, das sich aus der folgenden Tabelle ablesen lässt. Ein in den Ruhestand gehender 63-Jähriger legt einmalig € 10 000,– an und lässt das Geld 20 Jahre liegen. Beträgt der Zinssatz durchweg 0 %, erhält der Anleger seine € 10 000,– zurück – wenig befriedigend. Bei 1 % Zins besitzt er nach 20 Jahren € 12 200,–. Sollte sich der Kapitalmarkt erholen und 5 % abwerfen, stehen schon € 26 200,– zu Buche.

**Endwerte einmaliger Zahlungen**

| Zins (in %) | Jahre | | | | |
| --- | --- | --- | --- | --- | --- |
| | 5 | 10 | 15 | 20 | 25 |
| 0 | 1,00 | 1,00 | 1,00 | 1,00 | 1,00 |
| 1,0 | 1,05 | 1,10 | 1,16 | 1,22 | 1,28 |
| 1,5 | 1,08 | 1,16 | 1,25 | 1,35 | 1,45 |
| 2,0 | 1,10 | 1,22 | 1,35 | 1,49 | 1,64 |
| 2,5 | 1,13 | 1,28 | 1,45 | 1,64 | 1,85 |
| 3,0 | 1,16 | 1,34 | 1,56 | 1,81 | 2,09 |
| 4,0 | 1,22 | 1,48 | 1,80 | 2,19 | 2,67 |
| 5,0 | 1,28 | 1,63 | 2,08 | 2,65 | 3,39 |

Quelle: Finanzanalytiker Volker Looman

Dies ist die reine Lehre, die im wahren Leben nie vorkommt: Der Zins bleibt über die gewählte Laufzeit immer gleich. Zudem ist es eine rein nominale Betrachtung, also ohne Berücksichtigung von Inflation und Besteuerung. Selbst eine historisch niedrige Inflation von 1,3 % (Dezember 2013) sorgt für einen realen Verlust bei vielen Anlegern, da die Zinsen für die meisten Bankguthaben zu diesem Zeitpunkt niedriger lagen.

Altersvorsorgesparer legen in der Regel nicht nur einmal Geld zurück, sondern sparen kontinuierlich. Auch hier spielt der Zinseszinseffekt eine bedeutsame Rolle. Ein 47-Jähriger, der im Jahr € 10 000,– zurücklegt, hat nach 20 Jahren bei 0 % Anlagezins lediglich € 200 000,– zur Verfügung. Bei 2 % Zins und der Annahme, dass die Zinsen wieder angelegt werden, besitzt er nach 20 Jahren € 243 000,–. Sollte sich der Kapitalmarkt erholen und 5 % abwerfen, stehen schon € 330 700,– zu Buche.

**Endwerte kontinuierlicher Zahlungen**

| Zins (in %) | Jahre | | | | |
|---|---|---|---|---|---|
| | 5 | 10 | 15 | 20 | 25 |
| 0 | 5,00 | 10,00 | 15,00 | 20,00 | 25,00 |
| 1 | 5,10 | 10,46 | 16,10 | 22,02 | 28,24 |
| 2 | 5,20 | 10,95 | 17,29 | 24,30 | 32,03 |
| 3 | 5,31 | 11,46 | 18,60 | 26,87 | 36,46 |
| 4 | 5,42 | 12,01 | 20,02 | 29,78 | 41,65 |
| 5 | 5,53 | 12,58 | 21,58 | 33,07 | 47,73 |

Quelle: Finanzanalytiker Volker Looman

## 10.3 Wenn die Kapitalversicherung fällig wird

Auszahlpläne – auch Entnahmepläne genannt – werden im Alltag vieler Vorsorgesparer akut, wenn die Lebensversicherung endlich zur Auszahlung ansteht. Meistens werden Sie dann vom Versicherer einige Wochen vorher angeschrieben und nach den Zahlungsmodalitäten gefragt.

> **Tipp:** Bevor das Geld auf ein Konto Ihrer Wahl überwiesen wird, will der Versicherer den Versicherungsschein im Original zugeschickt haben, mitunter auch die letzte Beitragsquittung (Kontoauszug). Machen Sie sich eine Kopie, falls das Original unterwegs verloren geht.

Das Geld erhält der Kunde (Versicherungsnehmer genannt), also Sie. Falls der Kunde schon vor Ablauf des Vertrages gestorben ist, erhält der im Versicherungsschein genannte Bezugsberechtigte das Geld. Er muss nicht unbedingt zu den Erben gehören, kann also ein guter Freund sein. Ist kein Bezugsberechtigter im Vertrag genannt, fällt die Summe in das Erbe.

Erleben Sie als Versicherter den glücklichen Moment der Auszahlung ihrer Lebensversicherung selbst, so können Sie wählen zwischen der einmaligen Auszahlung der Gesamtsumme (Kapitalwahlrecht) oder der monatlichen Auszahlung von kleinen Teilbeträgen (Rente). Das gilt auch für private Rentenversicherungen – hier ist in aller Regel die Option vereinbart, statt Rente das volle Kapital zu wählen. Allerdings gilt dies nur eingeschränkt für Riester-Renten (maximal 30 % Kapitalauszahlung erlaubt) und gar nicht für Basisrenten (Kapitalauszahlung verboten).

Leider wird das Geld auch bei Kapitalabfindung nicht immer zu 100 % überwiesen. Bei Verträgen vor 2005 wird bei Kapitalwahlrecht alles steuerfrei ausgezahlt, bei Verrentung wird jeden Monat ein Ertragsanteil abgezogen (siehe hierzu Kapitel 11.4). Für Neuabschlüsse von Kapital-Lebensversicherungen seit 1. 1. 2005 sieht es schlechter aus: Die sind im Prinzip zu 100 % einkommensteuerpflichtig. Ausnahme: Die Erträge werden nur zu 50 % besteuert, wenn

- im Vertrag mindestens zwölf Jahre Laufzeit vereinbart sind,

- die Auszahlung erst nach Vollendung des 60. Lebensjahrs erfolgt (bei Abschluss ab 2012: 62. Lebensjahr) und

- im Todesfall mindestens 50 % der Versicherungssumme versichert waren.

## 10.4 Sinn und Unsinn der Verrentung von Vermögen

Um lange gut von der Altersversorgung leben zu können, muss sie sich auch im Ruhestand möglichst gut vermehren. Was tun? Individuelle Auszahlpläne von Banken, Fondsgesellschaften und Versicherungen helfen bei der Planung. Typische Antwort der Banken und Fondsgesellschaften: Das Geld soll in einen Auszahlplan. Typische Antwort der Versicherer: Das Geld gehört in eine Privatrente. Beides hat Vor- und Nachteile, sodass »normale« Geldanlagen häufig als Alternative überlegenswert sind.

### 10.4.1 Auszahlplan der Bank oder Fondsgesellschaft

Die Gesamtsumme wird auf ein Depot eingezahlt, von dem die monatliche Auszahlung abgeht. Zinssatz und Rentenhöhe werden für eine bestimmte Zeit – häufig mindestens vier Jahre – festgeschrieben. Am Ende der Zinsfestschreibung können Sie sich das gesamte Geld auszahlen lassen oder für eine weitere Frist neue Konditionen aushandeln. Häufig bieten Banken lediglich zehn Jahre Höchstlaufzeit an, Fondsgesellschaften dagegen unbegrenzt. In beiden Fällen gilt: Der Ertrag aus dem Depot unterliegt jährlich der Abgeltungsteuer, sofern der Sparerpauschbetrag überschritten ist (siehe hierzu Kapitel 11.5).

**So funktioniert ein Auszahlplan[1]**

| Zins (in %) | Auszahlbetrag pro Monat bei einer Laufzeit von ... Jahren (in Euro) | | | |
|---|---|---|---|---|
| | 4 | 5 | 7 | 10 |
| 2,75 | 660,– | 535,– | 392,– | 285,– |
| 3,25 | 666,– | 541,– | 399,– | 292,– |
| 3,75 | 673,– | 548,– | 405,– | 299,– |
| 4,25 | 679,– | 554,– | 412,– | 306,– |
| 4,75 | 686,– | 561,– | 419,– | 313,– |

1) Startvermögen: € 30 000,–; Abgeltungsteuer noch nicht berücksichtigt.

Experten empfehlen den Auszahlplan der Bank nur, wenn eine kleine Summe zur Verfügung steht, da er zwar bequem, aber völlig unflexibel ist. Man muss sich für einige Jahre auf die vereinbarte monatliche Auszahlung beschränken; für außerplanmäßige Ausgaben – etwa eine Weltreise oder plötzliche Pflegebedürftigkeit – steht das gesamte Restgeld erst wieder zum Ende der Laufzeit zur Verfügung. Vorteil: Im Todesfall erhalten die Erben das Restkapital – bei einer privaten Rentenversicherung zumeist nichts. Ein Fondsauszahlplan ist deutlich flexibler als ein gleichartiger Plan der Bank.

### 10.4.2 Private Rentenversicherung

Wer statt Geldanlage auf die private Rentenversicherung (aufgeschobene Leibrente) gesetzt hat, kann bei Ablauf das Geld auf einen Schlag bekommen (Kapitalwahlrecht) oder das Kapital verrenten und sich so eine lebenslange Rente sichern (siehe voriger Abschnitt). Das ist bei hoher Lebenserwartung sicherer und besser als ein Auszahlplan der Bank oder Fondsgesellschaft, der früher oder später bei null steht. Die Rendite der Versicherung ist auch etwas besser – im Schnitt 4,1 %. Zudem wird der Ertrag nur gering besteuert – der Ertragsanteil bei Start mit 65 liegt bei 18 % der Auszahlung lebenslänglich. Bei Bank- und Fonds-Auszahlplan wird der Gewinn mit 26,375 % besteuert (Abgeltungsteuer plus Solidaritätszuschlag). Auch die Versicherungs-Rente ist nicht flexibel und Garantien für die Erben bringen Abstriche bei der Rendite.

Wer zum Rentenstart noch keine private Rentenversicherung besitzt, kann auch noch einen Vertrag abschließen (Sofortrente gegen Einmalbeitrag). Nach einer Einmalzahlung, die zum Beispiel mit der Auszahlung aus der beendeten Lebensversicherung bestritten wird, beginnt sofort die Auszahlung.

> **Tipp:** Seit 21. 12. 2012 kosten private Rentenversicherungen für gleichaltrige Frauen und Männer den identischen Beitrag. Diese Unisextarife haben insbesondere für Frauen den Beitrag deutlich preiswerter gemacht, während es für Männer teurer wurde. Wenn Sie 2014 eine Sofortrente von € 300,– pro Monat mit beginnender Auszahlung ab 67 abschließen wollen, kostet dies bei günstigen Anbietern ungefähr € 72 300,– (ohne Rentengarantie für die Erben).

## 10.5 Wie ein Entnahmeplan beschaffen sein sollte

Ein Entnahmeplan ist ein Sparplan mit umgekehrten Vorzeichen: Jeden Monat lässt sich der Anleger einen festen Betrag auszahlen. Je nach individuellem Bedarf (und Kontostand) werden dann monatliche Beträge vom Anlagekonto abgebucht. Dabei kann die Rate so gewählt werden, dass das Vermögen nicht angetastet wird, sondern nur die Gewinne abgebucht werden (Kapitalerhalt). Damit sind zumeist aber nur sehr geringe monatliche Auszahlungen zu erwarten. Gebräuchlicher ist es, eine hohe Rate auszuzahlen und damit das Ersparte anzugreifen (Kapitalverzehr).

Meist ist eine bestimmte Mindestsumme von häufig € 10 000,– nötig, ehe Banken sich darauf einlassen und einen festen Zins für das tendenziell sinkende Restguthaben gewähren – in Zeiten mit niedrigen Zinsen wie 2013 zwischen 1,5 % und knapp 3,5 %. Auch Fondsgesellschaften bieten Entnahme- oder Auszahlpläne an. Dazu empfehlen sich – je nach Anlegertyp – drei unterschiedliche Strategien, falls das Geld vollständig verbraucht werden soll:

- **Riskant:** Es werden so viele Anteile verkauft, dass dieses Geld auf einem Festzinskonto für zwölf Monatszahlungen, also ein Jahr reicht. Diese Prozedur wird dann jedes Jahr wiederholt, bis das Geld aufgebraucht ist.

- **Ausgewogen:** Es wird so viel Geld vom Fondskonto abgezogen und auf ein Festgeldkonto überwiesen, dass damit monatliche Renten für fünf Jahre abgesichert sind.

- **Vorsichtig:** Es wird so viel Geld vom Fonds- aufs Festgeldkonto eingezahlt, dass Renten für zehn Jahre abgesichert sind. Der Rest bleibt in Aktienfonds investiert.

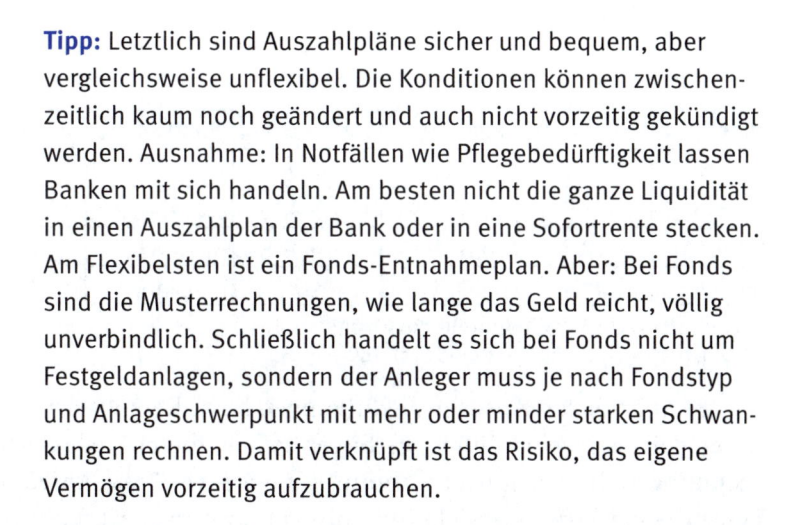

> **Tipp:** Letztlich sind Auszahlpläne sicher und bequem, aber vergleichsweise unflexibel. Die Konditionen können zwischenzeitlich kaum noch geändert und auch nicht vorzeitig gekündigt werden. Ausnahme: In Notfällen wie Pflegebedürftigkeit lassen Banken mit sich handeln. Am besten nicht die ganze Liquidität in einen Auszahlplan der Bank oder in eine Sofortrente stecken. Am Flexibelsten ist ein Fonds-Entnahmeplan. Aber: Bei Fonds sind die Musterrechnungen, wie lange das Geld reicht, völlig unverbindlich. Schließlich handelt es sich bei Fonds nicht um Festgeldanlagen, sondern der Anleger muss je nach Fondstyp und Anlageschwerpunkt mit mehr oder minder starken Schwankungen rechnen. Damit verknüpft ist das Risiko, das eigene Vermögen vorzeitig aufzubrauchen.

Lassen Sie sich nicht verrückt machen: Im Ruhestand sind Liquidität und Versorgung für die finanziellen Rücklagen wichtiger als Rendite. Es kommt ganz auf Sicherheit und Verfügbarkeit an, je älter Sie werden. Insofern sind auch Geldmarktfonds, die Rendite analog zum Tagesgeld bringen, keine schlechte Wahl für einen Teil der Rücklagen, weil damit oft die Kaufkraft erhalten wird. Alternativ zu Fonds bieten sich auch festverzinsliche Auszahlpläne an.

## 10.6 Tipps für Anleger im Rentenalter

Altersrentner wollen ihr Geld nicht nur verprassen. Im Gegenteil: Viele sparen auch im Alter noch Geld an. Das hat den Vorteil, dass das bisher aufgebaute Vermögen zwar Stück für Stück für den Alltag genutzt wird, sich jedoch mit dem anfangs überwiegenden Rest weiter verzinsen kann. Dabei setzen die Senioren traditionell auf eher sichere Anlageformen.

**Wie Senioren ihr Geld anlegen**[1] **(in %)**

| Alter | Sparbuch | Bausparen | Versicherung | Wertpapiere | Sonstiges |
|---|---|---|---|---|---|
| 65–69 | 23,9 | 4,0 | 12,7 | 32,6 | 26,9 |
| 70–74 | 32,3 | 3,0 | 8,2 | 31,1 | 25,4 |
| 75–79 | 32,3 | 2,4 | 6,3 | 33,1 | 25,9 |
| ab 80 | 38,3 | 1,3 | 4,1 | 33,4 | 22,8 |

Quelle: Deutsches Institut für Altersvorsorge
1) Angaben des gesamten Anlagebetrages.

Da die finanziellen Ausgangsbedingungen beim Rentenstart extrem unterschiedlich sein können, verbieten sich an dieser Stelle Beispielrechnungen. In vielen Fällen kommt mit 65 bzw. 67 die Auszahlung einer Kapital-Lebensversicherung hinzu und verbessert die finanzielle Basis – im Schnitt werden € 30 000,– pro Vertrag ausgezahlt bzw. in eine lebenslange Rente von rund € 120,– pro Monat umgewandelt.

Da die Lebenserwartung ab Rentenbeginn noch 20 Jahre und mehr beträgt, ist keinem Anleger allein mit einem unersprießlichen Sparbuch gedient. Das Geld muss einfach besser arbeiten – Sie haben es sich verdient.

> **Tipp:** Massive Sicherheitsbetonung bringt in aller Regel zu wenig Vermögen; daher sollte auch in höherem Alter ein Teil des Vermögens mit höherem Risiko eingesetzt werden. Reine Spekulationsbetonung wäre jedoch Gift, weil sie womöglich die Altersversorgung gefährdet. Hier kann nur individuelle Anlageberatung den richtigen Mix bringen.

Dabei sollten Puffer eingebaut werden, die auch eine plötzliche Verfügbarkeit größerer Beträge erlauben, etwa im Pflegefall. Während der Aktienanteil in der berufsaktiven Phase möglichst hoch sein sollte und damit den Grundstock für ein hohes Vermögen liefern kann, sinkt er mit Beginn des Vorruhestandes auch bei risikogeneigten Anlegern auf etwa ein Drittel ab.

> **Beispiel:** An der Börse lässt sich ab 65 weiter verdienen, denn die Lebenserwartung gibt im Allgemeinen noch durchschnittlich 20 Jahre her. Der Aktienanteil sollte jedoch zugunsten sicherer Anlagen wie Sparbriefe reduziert werden – ganz nach individueller Risikoneigung und Vermögenshöhe. Dieses Börsenrisiko kann elegant abgesichert werden durch andere, sichere Anlageformen innerhalb des Anlagemix: mit einer sofort beginnenden privaten Rentenversicherung. Sie leistet die vereinbarte Rente lebenslang. Somit trägt die Assekuranz – neben der gesetzlichen Rentenkasse – das finanzielle Risiko eines langen Lebens. Dennoch sollte auch ausreichend Geld in der »Kasse« sein – etwa auf einem Termingeldkonto –, um unerwartete Ausgaben jederzeit abdecken zu können.

Last, but not least: Beim vorhandenen Vermögen kommt es auf das richtige Verhältnis zwischen Verbrauch und Erhalt des Kapitals an. Das ist schnell gefunden: Sie entnehmen den gewünschten Monatsbetrag, der sich nach Vorliegen erster Erfahrungswerte – etwa nach einem halben Jahr – korrigieren lässt. Das vorhandene Geldvermögen wird parallel mit möglichst hoher Verzinsung angelegt, um das Kapital so lange wie möglich zu erhalten. Je nach Nervenkostüm sind dabei mehr oder weniger sicherheitsbetonte Ablaufpläne sinnvoll.

## 10.7 Inflation und der kritische Zinssatz

Die Lebensqualität hängt in finanzieller Hinsicht nicht nur vom Vermögen und der Rendite für die weiteren Anlagejahre im Alter ab, sondern auch von der Inflation. Bei 20 und mehr Jahren Ruhestand kann die schleichende Geldentwertung einen Strich durch die Finanzrechnung machen. Mit der Wahl der richtigen Strategie lässt sich aber auch die Inflationshürde meistern. Das Problem: Niemand weiß sicher, wie viel ein Euro von heute noch in zehn, 20 oder 30 Jahren wert ist. Sicher ist nur eines: Er wird weniger wert sein als heute.

**Das ist ein Euro in der Zukunft wert**

| Zeitpunkt | bei durchschnittlicher Inflation von ... % | | |
|---|---|---|---|
| | 1 | 2 | 3 |
| in 5 Jahren | 0,95 | 0,90 | 0,86 |
| in 10 Jahren | 0,90 | 0,82 | 0,74 |
| in 20 Jahren | 0,82 | 0,67 | 0,54 |
| in 30 Jahren | 0,74 | 0,55 | 0,40 |

> **Tipp:** Wer regelmäßig gespart hatte, kann sich trösten: Der Zinseszinseffekt jeder Langfristanlage deckt die laufende Geldentwertung üblicherweise ungefähr ab. Ansonsten gilt die Faustregel: Bei einer Geldentwertung von 3 % im Jahr sinkt die Kaufkraft von € 10 000,– innerhalb von 17 Jahren auf € 6 000,–.

Auch im Alter sollten Sie den Zusammenhang von Steuer, Inflation und Rendite der Geldanlage im Blick behalten. Vielfach müssen Sie als Verzinsung Ihres Kapitals 2 % erreichen, damit es von der künftigen Kaufkraft real erhalten bleibt. Das nennt man kritischen Grenzzinssatz.

Das bedeutet für Besserverdiener: Bei einem Grenzsteuersatz Ihres Einkommens von 45 % (inklusive Solidaritätszuschlag und Kirchensteuer) und 3 % Inflationsrate müssen Ihre Kapitalanlagen wenigstens 5 % Rendite erwirtschaften, um die aktuelle Kaufkraft zu erhalten.

Da die genaue Höhe der Inflation nicht vorauszusehen ist, können Sie sich bei Ihrer Finanzplanung allenfalls auf Inflationsraten der Vergangenheit stützen. Zum Vergleich: Von 1952 bis 2000 gab es in Deutschland eine durchschnittliche Inflationsrate von 2,88 % pro Jahr. Ende 2013 betrug sie jedoch nur knapp die Hälfte davon.

# 11 Altersvorsorge und Steuern

Mit dem Alterseinkünftegesetz 2005 wurde die sogenannte nachgelagerte Besteuerung eingeführt. Das heißt: Sämtliche Einzahlungen erfolgen – nach bestimmten Übergangsfristen – aus unversteuertem Einkommen, etwa bei der gesetzlichen Rentenversicherung.

**So viel Rentenbeitrag gilt als Sonderausgabe**

| Jahr | Sonderausgaben-Anteil[1] (in %) |
|---|---|
| 2013 | 76 |
| 2014 | 78 |
| 2015 | 80 |
| 2016 | 82 |
| 2018 | 86 |
| 2020 | 90 |
| 2023 | 96 |
| ab 2025 | 100 |

1) Maximal € 20 000,– (Beiträge des Arbeitgebers werden eingerechnet).

Im Gegenzug unterliegen die Auszahlungen im Rentenalter der Einkommensteuer – und zwar in voller Höhe. Auch hier gibt es Übergangsfristen.

## 11.1 Steuern auf Altersrente und sonstige Basisversorgung

Seit 2005 wird die staatliche Altersrente tendenziell voll besteuert – mit langen Übergangsfristen bis 2040. Wer 2014 in Rente geht, muss sich 68 % Besteuerung gefallen lassen, falls die Freibeträge überschritten sind. Betroffen sind auch Leistungsempfänger landwirtschaftlicher Alterskassen, berufsständischer Versorgungseinrichtungen sowie Rentenempfänger wegen Erwerbsminderung bzw. gesetzlich anerkannter Berufsunfähigkeit (vor 2001).

# 11 | Altersvorsorge und Steuern

Der steuerpflichtige Teil der Rente wird für jeden neu hinzukommenden Rentnerjahrgang um jährlich zwei Prozentpunkte angehoben (bis 2020). Wer 2020 in Rente geht, muss also schon 80 % seiner Rente versteuern. Von 2021 bis 2040 steigt der Besteuerungsanteil dann nur noch in 1-Prozentpunkt-Schritten, sodass für Neurentner ab 2040 die Rente voll versteuert wird.

**So viel Altersrente wird besteuert**

| Rentenbeginn | Anteil[1] (in %) | Rentenbeginn | Anteil[1] (in %) |
|---|---|---|---|
| bis 2005 | 50 | 2023 | 83 |
| 2006 | 52 | 2024 | 84 |
| 2007 | 54 | 2025 | 85 |
| 2008 | 56 | 2026 | 86 |
| 2009 | 58 | 2027 | 87 |
| 2010 | 60 | 2028 | 88 |
| 2011 | 62 | 2029 | 89 |
| 2012 | 64 | 2030 | 90 |
| 2013 | 66 | 2031 | 91 |
| 2014 | 68 | 2032 | 92 |
| 2015 | 70 | 2033 | 93 |
| 2016 | 72 | 2034 | 94 |
| 2017 | 74 | 2035 | 95 |
| 2018 | 76 | 2036 | 96 |
| 2019 | 78 | 2037 | 97 |
| 2020 | 80 | 2038 | 98 |
| 2021 | 81 | 2039 | 99 |
| 2022 | 82 | 2040 | 100 |

Quelle: § 22 Abs. 1 S. 3 a) aa) Einkommensteuergesetz
[1] Besteuerungsanteil der Rente (gilt auch für die private Basisrente).

Altersvorsorge und Steuern | **11**

In der Tabelle sind alle Jahre seit 2005 genannt, weil der Besteuerungsanteil sich nach dem Jahr des Renteneintritts bemisst und dann lebenslänglich gilt. Wer also 2010 in Rente ging, für den gelten sein gesamtes Leben lang 60 % Besteuerungsanteil auf die gesetzliche Altersrente. Achtung: Der Besteuerungsanteil ist nicht zu verwechseln mit dem Steuersatz, den das Finanzamt zugrunde legt. Er sagt nur aus, wie viel Prozent der Rente letztlich mit dem individuellen Satz zu versteuern sind.

》》 **Beispiel:** Ein Mann (65) ging zum 1. 1. 2010 in den Ruhestand und hatte keine weitere private Vorsorge. Er erhält € 1 000,– Rente pro Monat (= € 12 000,– pro Jahr). Davon behält der Rentenversicherungsträger gleich Sozialversicherungsbeiträge für Kranken- und Pflegeversicherung ein. Die Besteuerung erfolgt erst nachträglich – über die Steuererklärung: Von den € 12 000,– werden als Besteuerungsanteil bei Rentenbeginn 2010 genau 60 % zugrunde gelegt (= € 7 200,–). Davon kann der Rentner noch Vorsorgeaufwendungen (= rund € 3 150,–) und einen Sonderausgaben-Pauschbetrag (= € 36,–) abziehen. Macht € 4 014,–, die zur Besteuerung herangezogen werden dürfen. Der Mann muss jedoch auf seine Rente gar keine Steuer zahlen, denn per Gesetz steht jedem Deutschen ein Grundfreibetrag zu (2010: € 8 004,– pro Jahr; 2014: € 8 354,–). Hätte der Mann darüber gelegen, wäre der Betrag mit dem individuellen Einkommensteuersatz zu versteuern gewesen.

Für Steuerpflichtige ab dem 64. Geburtstag wird ein Altersentlastungsbetrag gewährt, wenn neben Altersrente oder Pension noch Arbeitslohn oder Nebeneinkünfte wie Kapitalvermögen oder Betriebs- bzw. Riester-Rente eingehen (2010: 32 % der Einkünfte, maximal € 1 520,–). Er sinkt jedoch tendenziell und verschwindet ab 2040.

## 11 | Altersvorsorge und Steuern

**So verringert sich der Altersentlastungsbetrag**

| Jahr[1)] | Altersentlastungsbetrag | |
|---|---|---|
| | in % der Einkünfte | Höchstbetrag (in Euro) |
| 2014 | 25,6 | 1 216,– |
| 2015 | 24,0 | 1 140,– |
| 2020 | 16,0 | 760,– |
| 2025 | 12,0 | 570,– |
| 2030 | 8,0 | 380,– |
| 2035 | 4,0 | 190,– |
| ab 2040 | 0,0 | 0,– |

Quelle: § 24 a Einkommensteuergesetz
1) Jahr, das auf 64. Geburtstag folgt.

Steuerfrei bleibt die gesetzliche Altersrente für Personen, die 2009 das Rentenalter erreicht haben, bis zu einer Höhe von rund € 17 300,– pro Person (= € 1 441,– pro Monat). Für jeden später startenden Neurentner-Jahrgang sinkt die Grenze, ab der die Steuerpflicht beginnt.

> **Tipp:** Die Stiftung Warentest hat einen Rechner auf ihrem Portal www.test.de zur Verfügung gestellt. Einfach in dem Suchfeld »Steuerberechnung für Rentner« eingeben. Tragen Sie Ihre Einnahmen in den Rechner ein. Dann lässt sich schnell ermitteln, ob Sie als Rentner Einkommensteuer zahlen müssen oder nicht. Ergebnis: Ab etwa € 15 000,– Bruttorente pro Jahr beginnt für einen Rentner, der 2011 in Rente ging, die Steuerpflicht.

Was für die gesetzliche Altersrente gilt, gilt auch für die privat abgeschlossene Basisrente. Im Prinzip sind bei der Auszahlung ebenfalls 100 % steuerpflichtig. Es gelten wiederum Übergangsregelungen bis zum Jahr 2039 (siehe erste Übersicht in diesem Kapitel). Steuerpflichtig ist bis dahin nicht der volle Ertragsanteil (2014: 68 %). Dafür wird im Gegenzug die Einzahlung der Beiträge in die Basisrente ab 2025 zu 100 % von der Einkommensteuer freigestellt. Bis dahin gelten Übergangsregelungen. Unterm Strich ist die Basisrente damit aktuell für Mittfünfziger noch ein gutes Steuersparmodell, da die Beiträge steuerlich besser gestellt sind als die Auszahlungen.

**So viel kann steuerfrei in die Basisrente eingezahlt werden**

| Jahr | Maximale Sonderausgabe[1] | |
|---|---|---|
| | in % | in Euro |
| 2013 | 76 | 15 200,– |
| 2014 | 78 | 15 600,– |
| 2015 | 80 | 16 000,– |
| 2020 | 90 | 18 000,– |
| ab 2025 | 100 | 20 000,– |

Quelle: Alterseinkünftegesetz
1) Ehepaare das Doppelte.

## 11.2 Steuern auf Pensionen

Auch Pensionen gehören zur Basisversorgung und werden nach denselben Regeln wie gesetzliche Altersrente und Basisrente besteuert. Es gibt jedoch vorübergehend noch einige Besonderheiten. Wer erhält überhaupt Pensionen? Zunächst Beamte von ihrem Dienstherrn. Aber auch Arbeitnehmer nach Ausscheiden aus dem Berufsleben vom früheren Arbeitgeber, etwa als Betriebsrente aus Direktzusage oder Unterstützungskasse. Pensionen gehören zu den Einkünften aus nicht selbstständiger Arbeit. Es gilt bereits ohne Ausnahme die 100-Prozent-Steuerpflicht; jedoch kann ein Versorgungsfreibetrag geltend gemacht werden, der stufenweise abgeschmolzen wird und ab 2040 entfällt.

## So verringert sich der Versorgungsfreibetrag für Pensionäre

| Pensionsstart (Jahr) | Versorgungsfreibetrag Prozentsatz[1] | Versorgungsfreibetrag Höchstbetrag (in Euro) | Zuschlag (in Euro) |
|---|---|---|---|
| bis 2005 | 40,0 | 3 000,– | 900,– |
| 2013 | 27,2 | 2 040,– | 612,– |
| 2014 | 25,6 | 1 920,– | 576,– |
| 2015 | 24,0 | 1 800,– | 540,– |
| 2020 | 16,0 | 1 200,– | 360,– |
| 2025 | 12,0 | 900,– | 270,– |
| 2030 | 8,0 | 600,– | 180,– |
| 2035 | 4,0 | 300,– | 90,– |
| 2040 | 0,0 | 0,– | 0,– |

Quelle: § 19 Einkommensteuergesetz
1) Bemessungsgrundlage ist das 12-Fache der Pension im ersten vollen Monat.

> **Beispiel:** Für Versorgungsbeginn 2014 gilt: Es wird lebenslang ein Versorgungsfreibetrag in Höhe von 25,6 % der Bezüge gewährt, höchstens jedoch € 1 920,– pro Jahr. Hinzu kommt ein steuerfreier Zuschlag zum Versorgungsfreibetrag von € 576,–. Der frühere Arbeitnehmer-Pauschbetrag ist entfallen. Stattdessen wird auch auf Pensionen ein allgemeiner Werbungskosten-Pauschbetrag von € 102,– gewährt. Der Rest der Berechnung erfolgt wie bei sonstigen Einkommen.

## 11.3 Steuern auf Riester- und Betriebsrente

Beiträge zur Riester-Rente kommen aus unversteuertem Einkommen, verringern demnach das zu versteuernde Jahreseinkommen in der Phase der Beitragszahlungen, also während der Berufstätigkeit. Leistungen aus der Riester-Rente sind frühestens ab dem 60. Geburtstag möglich und dann voll, also zu 100 %, mit dem individuellen Steuersatz zu versteuern (nachgelagerte Besteuerung). Wer sich beim Rentenstart bis zu 30 % auf einen Schlag auszahlen lässt, bei dem geht diese Auszahlung voll in das Einkommen des betreffenden Jahres ein und erhöht so die Steuerlast massiv. Eine steuerliche Verteilung der Riester-Auszahlung auf fünf Jahre ist nicht erlaubt.

> **Tipp:** Für Steuerpflichtige ab dem 64. Geburtstag wird wiederum der Altersentlastungsbetrag gewährt, wenn neben Altersrente oder Pension noch Arbeitslohn oder Nebeneinkünfte wie Betriebs- bzw. Riester-Rente eingehen. Er sinkt jedoch tendenziell.

> **Beispiel:** Wer mehr als den geförderten Höchstbetrag von € 2 100,– pro Jahr in seinen Riester-Vertrag einzahlt (Stand: 2014), bei dem wird für jeden Euro oberhalb der Grenze bei der Auszahlung im Alter Abgeltungsteuer auf den Ertrag fällig. Allerdings greift der Fiskus erst bei der Auszahlung zu – anders als bei Geldanlagen, wo schon nach dem ersten Jahr die jährliche Besteuerung erfolgt. Damit lohnt die »Überzahlung« von Riester-Verträgen für Berufstätige aus steuerlicher Hinsicht, da die Besteuerung dieser Geldanlage dann aufgeschoben wird bis zum Beginn der Auszahlungen.

Das gleiche Prinzip wie bei der Riester-Rente gilt auch bei den versicherungsförmigen Durchführungswegen der Betriebsrente. Anders als bei Direktzusage und Unterstützungskasse (siehe hierzu Kapitel 6.1) gilt bei Direktversicherung, Pensionskasse und Pensionsfonds: Die Leistung ist zu 100 % steuerpflichtig. Abgezogen werden dürfen lediglich der Werbungskosten-Pauschbetrag von € 102,– pro Jahr und der Alters-entlastungsbetrag. Bei Direktversicherungen, die vor 2005 abgeschlossen wurden, galten zum Teil andere Steuerregelungen (20 % Pauschalbesteuerung bei Jahresbeitrag bis € 1 752,–). Für diese Verträge gilt die frühere Steuerregelung weiter.

## 11.4 Steuern auf sonstige Kapital-Versicherungen

Bei den Auszahlungen von Kapital-Versicherungen für das Alter bleibt die Abgeltungsteuer, seit 2009 Maßstab der Besteuerung von Geldanlagen, außen vor. Für Lebensversicherungen gibt es ein handfestes Privileg gegenüber jeder Geldanlage: Bei echter Altersvorsorge mit einer Kapital-Lebensversicherung bleibt es beim bis 2008 üblichen Halbeinkünfteverfahren und der Besteuerung erst zum Ende der Laufzeit. Das bedeutet: Kapitalerträge sind zu 50 % steuerfrei und damit privilegiert, wenn die Auszahlung frühestens zum 60. Geburtstag erfolgt und über mindestens zwölf Jahre regelmäßig Beiträge gezahlt wurden.

> **Tipp:** Als Kapitalertrag gilt bei der Kapital-Lebensversicherung der Unterschiedsbetrag zwischen der tatsächlich ausgezahlten Versicherungsleistung (Ablaufleistung) und der Summe der eingezahlten Beiträge. Die Differenz unterliegt dann zur Hälfte der einmaligen Besteuerung. Falls jedoch keine echte Altersvorsorge vorliegt, ist die volle Abgeltungsteuer fällig. »Unechte« Altersvorsorge liegt vor, wenn eine Kapital-Lebensversicherung mit weniger als zwölf Jahren Laufzeit gewählt oder das Ersparte vor dem 60. Geburtstag ausgezahlt wird. Oder bei Abschlüssen seit 1. 4. 2009 nicht mindestens 50 % Todesfallschutz vereinbart worden sind.

Anders bei der privaten Rentenversicherung: Sie wird nicht nur einmalig besteuert, sondern Monat für Monat – allerdings nur mit einem geringen Betrag (Ertragsanteil): Bei Auszahlungsbeginn im Alter von 65 Jahren sind es zum Beispiel lebenslang nur 18 % Ertragsanteil, die der Einkommensteuer unterworfen werden.

### So viel Privatrente wird besteuert

| Alter bei Rentenbeginn | Ertragsanteil (in %)[1] |
|---|---|
| 60 | 22 |
| 61 | 22 |
| 62 | 21 |
| 63 | 20 |
| 64 | 19 |
| 65 | 18 |
| 66 | 18 |
| 67 | 17 |
| 68 | 16 |
| 69 | 15 |
| 70 | 15 |

Quelle: § 22 Einkommensteuergesetz
1) Dieser Anteil wird mit dem individuellen Steuersatz besteuert.

Die Ertragsanteile waren 2005 verringert worden und gelten seither auch für die Privatrentenverträge, die schon vorher abgeschlossen worden waren. Von dieser Ausnahme abgesehen bleibt es lebenslang stets bei dem Wert, der bei der erstmaligen Auszahlung der privaten Rentenversicherung maßgeblich ist.

Keine Abgeltungsteuer wird auch für Riester-Verträge, Basisrente und Betriebsrente erhoben, obwohl sie häufig auch zu den Lebensversicherungen gehören.

## 11.5 Steuern auf Geldanlagen

Wer Geld anlegt und Vorsorge betreibt, muss von jeher mit dem Finanzamt teilen. Die laufenden Kapitalerträge werden sofort an der Quelle besteuert (Abgeltungsteuer). Auch im Todesfall greift der Staat noch einmal zu: durch Erbschaftsteuer (siehe hierzu Kapitel 12).

Seit 2009 werden Kursgewinne, Dividenden und Zinserträge zu 25 % steuerpflichtig. Samt Solidaritätszuschlag müssen Kapitalanleger sogar 26,4 % aller Kapitalerträge an das Finanzamt abführen. Kirchenmitglieder zahlen gar knapp 28 %. Den Abzug nimmt die Bank, Fondsgesellschaft oder der Versicherer automatisch vor. Damit ist die Steuerschuld auf Kapitalvermögen vollständig abgegolten – daher auch der Name Abgeltungsteuer. Man braucht wegen der Kapitalerträge demnach gar keine Angaben mehr in der Einkommensteuererklärung zu machen. Die frühere Besteuerung nach persönlichem Einkommen ist somit abgeschafft.

> **Tipp:** Anleger, deren persönlicher Einkommensteuersatz im Rentenalter unter 25 % liegt, sollten überlegen, eine Steuererklärung abzugeben, denn nur so lässt sich ein Teil der Abgeltungsteuer zurückholen. Betroffen sind jene Vorsorgesparer, die zwischen dem Eingangssteuersatz von 14 % des Bruttoeinkommens und 25 % Steuersatz eingestuft sind, was viele Rentner betrifft.

Noch eleganter ist es, die Abgeltungsteuer unter diesen Voraussetzungen gleich zu vermeiden. Das geht durch einen Antrag auf Nichtveranlagung zur Einkommensteuer, falls das zu versteuernde Einkommen unter dem Grundfreibetrag von € 8 354,– pro Person im Jahr (Stand: 2014) bleibt.

**Steuerfreier Grundfreibetrag (Existenzminimum) pro Jahr**

| Jahr | Grundfreibetrag (in Euro) | |
|---|---|---|
| | Ledige | Verheiratete |
| 2007 | 7 664,– | 15 329,– |
| 2008 | 7 664,– | 15 329,– |
| 2009 | 7 834,– | 15 667,– |
| 2010 | 8 004,– | 16 007,– |
| 2011 | 8 004,– | 16 007,– |
| 2012 | 8 004,– | 16 007,– |
| 2013 | 8 130,– | 16 260,– |
| 2014 | 8 354,– | 16 708,– |

Für den Antrag auf Nichtveranlagung genügt ein formloser Brief an das Finanzamt:

---

**Musterbrief:**

ESt-Nr. .../ Antrag auf Nichtveranlagung

Sehr geehrte Damen und Herren,

wegen geringer Einkünfte von derzeit nur ... Euro pro Jahr (siehe Kopie des Rentenbescheids) beantrage ich, ab sofort nicht mehr zur Einkommensteuer veranlagt zu werden.

Sollten sich meine Einkommensverhältnisse deutlich verbessern, werde ich unverzüglich wieder die steuerliche Veranlagung beantragen.

Mit freundlichen Grüßen

---

Folge: Sie werden dann im Steuerverzeichnis gestrichen und haben mindestens drei Jahre lang Ruhe vor dem Fiskus. Danach muss die Nichtveranlagung erneut beantragt werden.

**Die wichtigsten Details zur Abgeltungsteuer**

| Geldanlage | Vorteil | Nachteil |
|---|---|---|
| Zinsanlagen | Besserverdiener sparen mit pauschaler Abgeltung von 25 % des Kapitalertrages, da nicht mehr der individuelle Satz der Einkommensteuer zählt. | Niedrigverdiener zahlen zu viel Steuer und sollten sich Geld über die Steuererklärung zurückholen oder eine Nichtveranlagungsbescheinigung beantragen. |
| Aktien | Besteuerung gilt nur für Neuanlagen und Umschichtungen; für Bestand gilt altes Recht mit steuerfreien Kurs- und Veräußerungsgewinnen. | Umschichtungen im Bestand lösen Steuerpflicht aus. |
| Investmentfonds | Für Bestand gilt altes Recht mit steuerfreien Kurs- und Veräußerungsgewinnen. | Umschichtung und Verkauf lösen Steuerpflicht aus; Ausweg: Dach- und Mischfonds. |

# 11 | Altersvorsorge und Steuern

Es gelten jedoch bei der Abgeltungsteuer auch zahlreiche Freibeträge und Ausnahmen für bestimmte Anlageformen. Jedem Anleger steht ein Sparer-Pauschbetrag von € 801,– pro Jahr für sämtliche Kapitalerträge zu (Ehepaare € 1 602,–). Bis 2008 hieß es Sparerfreibetrag und wurde in derselben Höhe gewährt. Anleger können bis zu dieser Höhe einen Freistellungsauftrag bei ihrer Bank, Versicherung oder Fondsgesellschaft stellen – wie bisher. Bei Kapitalerträgen bis zu der beantragten Höhe fällt dann keine Abgeltungsteuer an.

Damit aber nicht jeder bei allen möglichen Banken Freistellungsaufträge abgibt und damit den Höchstbetrag elegant und steuerfrei überspringen kann, geben die Banken Kopien jedes Freistellungsantrages an das Bundesamt für Finanzen weiter. Wer auffällt, macht sich der Steuerhinterziehung verdächtig und riskiert hohe Geldbußen.

> **Tipp:** Um vom Fiskus unbehelligt zu bleiben, darf ein Single maximal € 16 020,– zu 5 % Zinsen angelegt haben, Verheiratete das Doppelte. Bei nur 3 % Verzinsung blieben bei einem Single maximal € 26 700,– Anlagebetrag steuerfrei, bei Ehepaaren wiederum das Doppelte.

Wer mehr Zinsen, Dividende oder Kursgewinne erzielt als vom Sparer-Pauschbetrag gedeckt sind, muss mit dem Finanzamt teilen und von jedem Euro Gewinn über € 801,– pro Jahr hinaus die Abgeltungsteuer zahlen. Weitere Werbungskosten in Zusammenhang mit der Geldanlage erkennt das Finanzamt nicht mehr an. Dazu gehören zum Beispiel Depotgebühren, Fachliteratur oder spezielle PC-Programme.

Wer nicht arbeitet und auch keine Rente bekommt, sondern nur Einkünfte aus Kapitalvermögen hat – etwa Kinder – und zudem unter dem Grundfreibetrag liegt (2014: € 8 354,–), kann besagte »Nichtveranlagungsbescheinigung« beantragen. Wird diese Bescheinigung der Bank vorgelegt, bleiben Kapitalerträge frei von Abgeltungsteuer.

Es gibt weitere Ausnahmen: Abgeltungsteuer wird nicht auf alle Anlageformen fällig.

**In diesen Fällen wird keine Abgeltungsteuer verlangt**

| Anlageform | Bemerkung |
|---|---|
| Vermietete Immobilie | Wer vor Ablauf von zehn Jahren nach dem Kauf wieder verkauft, muss den Ertrag mit dem individuellen Steuersatz versteuern. |
| Dachfonds | Umschichtungen im Fonds sind unschädlich; erst bei endgültigem Verkauf durch den Anleger erfolgt Besteuerung. |
| Riester-Rente | Rente wird zu 100 % mit dem persönlichen Steuersatz besteuert; bei »Überförderung« wird für Erträge aus überfördertem Betrag Abgeltungsteuer fällig. |
| Basisrente | Rente wird wie gesetzliche Altersrente tendenziell mit persönlichem Steuersatz besteuert. Übergangsfristen bis 2039 (2014 = 68 % Ertragsanteil). |
| Betriebsrente | Rente wird zu 100 % mit dem persönlichen Steuersatz besteuert. |
| Private Rentenversicherung | Statt Abgeltungsteuer gilt: Je nach Alter bei Auszahlungsbeginn ist ein unterschiedlich hoher Ertragsanteil zu besteuern – Alter 65 = 18 % Ertragsanteil lebenslang. |
| Kapital-Lebensversicherung | Halbeinkünfteverfahren mit 50 % Besteuerung, falls Auszahlung frühestens zum 60. Geburtstag erfolgt ist und über mindestens zwölf Jahre regelmäßig Beiträge gezahlt wurden. Sonst: Abgeltung. |

## 11.6 Steuern auf Immobilien

Wer im eigenen Haus oder einer Eigentumswohnung wohnt, zahlt darauf keine Einkommensteuer und auch keine Abgeltungsteuer. Es wird jedoch beim Kauf Grunderwerbsteuer (oft 5 % vom Kaufpreis) sowie jedes Quartal Grundsteuer fällig. Bei letzterer werden auf Basis des Hauswertes Messbeträge festgelegt und mit dem Hebesatz, den jede Gemeinde festlegen und jederzeit verändern kann, multipliziert. Vermieter müssen Einnahmen aus der Vermietung versteuern, können aber alle Kosten, die nicht auf Mieter umgelegt werden dürfen, als Werbungskosten geltend machen.

Falls Sie als Ruheständler ihr zu groß gewordenes Haus verkaufen wollen, erzielen Sie beim Verkauf oft einen Wertzuwachs gegenüber der früheren Anschaffung. Hier gilt: Dieser Wertzuwachs ist steuerfrei, falls zwischen Bau bzw. Kauf und dem Verkauf mindestens zehn Jahre liegen (Spekulationsfrist). Innerhalb dieser Frist sind Gewinne zu versteuern – und zwar mit dem individuellen Einkommensteuersatz.

> **Tipp:** Da der Immobilienverkauf das zu versteuernde Einkommen des betreffenden Jahres deutlich in die Höhe schraubt, sollten Sie sich vor dem Verkauf bei einem spezialisierten Steuerberater informieren.

## 11.7 Steuern auf Vermögen im Ausland

Wer Vermögen im Ausland anhäuft, entgeht dem Finanzamt dennoch nicht. Abkommen zwischen Deutschland und anderen Ländern verhindern lediglich, dass die Einkünfte zweimal besteuert werden. Grundsätzlich ist jeder Deutsche mit seinem gesamten »Welteinkommen« steuerpflichtig, egal wo es erwirtschaftet wurde.

Durch sogenannte Doppelbesteuerungsabkommen verzichtet der deutsche Fiskus darauf, das im Ausland versteuerte Einkommen hier noch einmal zu belasten – auch wenn der Steuersatz dort weit niedriger sein sollte. Die Finanzbehörden behalten sich allerdings das Recht vor, die Auslandseinkünfte fiktiv den inländischen Einnahmen zuzuschlagen. Für die deutschen Einkünfte kann sich daraus insgesamt ein höherer Satz ergeben.

Kapitalerträge im Ausland sind ebenfalls steuerpflichtig – seit 2009 in Höhe von mindestens 25 % (Abgeltungsteuer). Solange der Fiskus jedoch nichts vom Konto im Ausland weiß, geht alles gut. Aber wehe, er erfährt davon. In manchen Staaten (insbesondere USA) informieren Banken die zuständigen Behörden über Zinseinkünfte – nicht nur die eigene Finanzbehörde, sondern auch die im Heimatland des Kontoinhabers. Geldanlage im Ausland lohnt aus Steuerspargründen längst nicht mehr, zumal das Bankgeheimnis auch in der Schweiz, Liechtenstein und anderen traditionellen »Steueroasen« immer löchriger wird.

Viele Deutsche besitzen im Ausland Immobilien. Praktisch jedes Land verlangt dafür höhere Steuern als bei uns. Die Unterschiede beginnen schon beim Kauf. Beispiel Spanien: Neben der Grunderwerbsteuer (6 %) droht auch eine Wertzuwachssteuer auf Grund und Boden (zwischen 15 % und 40 %), die umso höher ausfällt, je länger der Verkäufer das Grundstück besitzt. Um 10 % Abschlagsteuer beim Kauf kommen Sie als Ausländer nicht herum. Informieren Sie sich rechtzeitig.

> **Tipp:** Für Auslandsimmobilien gilt ausländisches Recht. Am besten, Sie erkundigen sich vor dem Umzug nach den Konsequenzen, auch im Falle Ihres Todes im Ausland für Ihre Angehörigen (Erbe).

## 11.8 Wann Rentner eine Steuererklärung abgeben müssen

Auch wenn Sie zu Rentenbeginn zunächst noch keine Steuern zahlen müssen, kann das in Zukunft anders sein. Womöglich führen künftige Rentenerhöhungen zur Steuerpflicht oder Nebeneinkünfte wie Riester- und Betriebsrente oder Mieteinnahmen erhöhen die Alterseinkünfte. Rentner mit mehreren Einkunftsarten sind auf jeden Fall verpflichtet, bei Rentenstart erst einmal eine Steuererklärung abzugeben.

## 11 | Altersvorsorge und Steuern

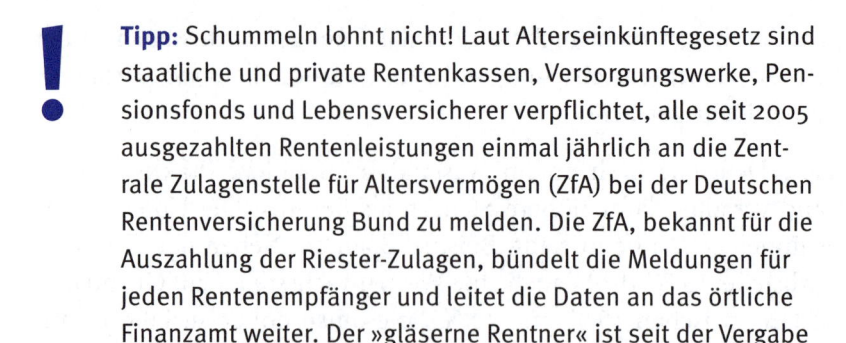

> **Tipp:** Schummeln lohnt nicht! Laut Alterseinkünftegesetz sind staatliche und private Rentenkassen, Versorgungswerke, Pensionsfonds und Lebensversicherer verpflichtet, alle seit 2005 ausgezahlten Rentenleistungen einmal jährlich an die Zentrale Zulagenstelle für Altersvermögen (ZfA) bei der Deutschen Rentenversicherung Bund zu melden. Die ZfA, bekannt für die Auszahlung der Riester-Zulagen, bündelt die Meldungen für jeden Rentenempfänger und leitet die Daten an das örtliche Finanzamt weiter. Der »gläserne Rentner« ist seit der Vergabe der Steuer-Identifikationsnummern Realität.

Stellt das Finanzamt im Nachhinein fest, dass Steuern fällig gewesen sind, werden Nachzahlungen fällig – auch rückwirkend bis 2005. Die Pflicht zur Steuererklärung gilt für folgende Rentner-Haushalte:

### Wann Rentner eine Steuererklärung abgeben müssen

| Grund | Besonderheit |
|---|---|
| Zusatzeinkommen neben der Altersrente. | Bei Rentenstart (danach womöglich nicht mehr). |
| Bei Bezug von Pension neben der Rente. | |
| Bei Bezug von Lohn oder Pension neben der Rente, die nach Steuerklasse V oder VI versteuert werden. | |
| Bei Nebeneinkünften neben Altersrente. | Ab € 411,– pro Monat. |
| Ab bestimmter Rentenhöhe. | Über € 1 024,– pro Monat (Single). |
| Bei Bezug von Lohnersatzleistung neben Altersrente. | Ab € 411,– pro Monat. |

**Beispiel:** Wer Rente bezieht, aber keine steuerpflichtige Pension oder Lohn (außer Minijob), muss für 2013 keine Steuererklärung abgeben, wenn er maximal € 8 130,– Jahreseinkünfte (nach Abzug von Werbungskosten, Betriebsausgaben und Freibeträgen) nur aus diesen Einnahmen hatte: gesetzliche Rente, Rente aus beruflichem Versorgungswerk, Basisrente, Firmenrente ohne Steuerkarte (auch VBL-Rente), private Rentenversicherung, Riester-Rente, Einnahmen aus selbstständiger Arbeit, Miete oder Pacht. Freiwillig können Sie eine Steuererklärung bis Ende 2017 abgeben. Sind die Einnahmen jedoch höher oder treffen auch folgende Punkte zu, ist die Steuererklärung bis 31. 5. 2014 Pflicht: Für Kapitaleinkünfte ist noch Abgeltungsteuer fällig; der Ehepartner beantragt getrennte Veranlagung; im Vorjahr wurde ein Verlust festgestellt.

**Tipp:** Auch oberhalb des Grundfreibetrages kann die Steuerpflicht für Rentner entfallen. Häufig sind € 1 000,– und mehr pro Jahr für Kranken- und Pflegeversicherung absetzbar.

# 12 Richtig vererben

## 12.1 Rechtliche Ausgangslage bei Schenkung und Erbe

Das Finanzamt erhebt Steuern auch auf Erbschaft bei Tod und auf Schenkung, also vorgezogenem Erbe zu Lebzeiten. Die Höhe ist in beiden Fällen im Prinzip gleich. Sie richtet sich nicht nur nach der Höhe des Vermögens, sondern auch nach der Erbschaftsteuerklasse, die wiederum vom Verwandtschaftsgrad der Erben bzw. Beschenkten zum Verstorbenen bzw. Schenker abhängt. Die nächsten Angehörigen sind in der niedrigsten Klasse I eingestuft.

**Steuerklassen bei Erbe und Schenkung**

| Steuerklasse | Wer? |
|---|---|
| I | Ehegatte, Kinder und Stiefkinder, Enkel und Urenkel, Eltern und Großeltern |
| II | Geschwister, Neffen und Nichten, Stiefeltern, Schwiegerkinder, Schwiegereltern, geschiedener Ehepartner |
| III | Alle übrigen Erben, auch Lebenspartner |

Quelle: § 15 Erbschaftsteuer- und Schenkungsteuergesetz

Für die einzelnen Steuerklassen ergeben sich in Abhängigkeit von der Höhe der Erbschaft bzw. Schenkung Steuersätze zwischen 7 % bis 50 %, wobei seit der Erbschaftsteuerreform 2009 auch innerhalb derselben Steuerklasse erhebliche Unterschiede bei den Freibeträgen gemacht werden.

## Erbschaftsteuersätze

| bei Vermögen bis ... Euro | Steuer (in %) fällig in Klasse | | |
|---|---|---|---|
| | I | II | III |
| 75 000,– | 7 | 15 | 30 |
| 300 000,– | 11 | 20 | 30 |
| 600 000,– | 15 | 25 | 30 |
| 6 Millionen | 19 | 30 | 30 |
| 13 Millionen | 23 | 35 | 50 |
| 26 Millionen | 27 | 40 | 50 |
| über 26 Millionen | 30 | 43 | 50 |

Quelle: § 19 Erbschaftsteuer- und Schenkungsteuergesetz

Es gibt jedoch Freibeträge für nahe Angehörige, sodass Ehepartner und Kinder in aller Regel von der Schenkung- bzw. Erbschaftsteuer verschont bleiben. Grundsätzlich gilt: Je näher die Verwandtschaft, desto geringer sind die Steuersätze. Die Freibeträge räumt der Fiskus beim Schenken alle zehn Jahre aufs Neue ein. Dem Ehepartner können Sie so alle zehn Jahre Werte bis zu € 500 000,– steuerfrei schenken.

## So viel Schenkung ist alle zehn Jahre steuerfrei

| Wer? | Allgemeiner Freibetrag (in Euro) |
|---|---|
| Ehepartner, eingetragene Lebenspartner | 500 000,– |
| Kind | 400 000,– |
| Enkel | 200 000,– |
| Übrige der Steuerklasse I: Urenkel, Eltern und Großeltern | 100 000,– |
| Alle in Steuerklasse II: Geschwister, Neffen, Nichten, Schwiegereltern | 20 000,– |
| Alle in Steuerklasse III: übrige Erben, auch »unverheiratete« Lebenspartner | 20 000,– |

Quelle: § 16 Erbschaftsteuer- und Schenkungsteuergesetz

! Unterm Strich bleibt auch das selbst bewohnte Eigenheim steuerfrei – bei Kindern nur bis 200 m² Wohnfläche und sofortiger Selbstnutzung für mindestens zehn Jahre.

Neben den genannten Freibeträgen gibt es für Erben weitere Freibeträge, darunter sogenannte Versorgungsfreibeträge – insbesondere für die Witwe und die Kinder.

**So viel Versorgungsfreibetrag steht dem Erben zu**

| Wer? | | Versorgungsfreibetrag[1] (in Euro) |
|---|---|---|
| Ehepartner[2], eingetragener Lebenspartner[2] | | 256 000,– |
| Kind[2] | bis 5 Jahre: | 52 000,– |
| | bis 10 Jahre: | 41 000,– |
| | bis 15 Jahre: | 30 700,– |
| | bis 20 Jahre: | 20 500,– |
| | bis 27 Jahre: | 10 300,– |
| Enkel, Urenkel, Eltern und Großeltern[2] | | 0,– |
| Geschwister, Neffen, Nichten, Schwiegereltern, Ex-Gatte | | 0,– |
| Übrige Erben | | 0,– |

Quelle: § 16 Erbschaftsteuer- und Schenkungsteuergesetz
1) Nicht bei Schenkung, wird um Wert eigener Versorgungsbezüge (Rente / Pension) des Erben gekürzt.
2) Extra: € 41 000,– Freibetrag für Hausrat-Erbe.

## 12.2 Vererbung der Riester-, Basis- und Betriebsrente

Für Lebensversicherungen an sich gilt: Sie gehören nicht zum Erbe. Der Bezugsberechtigte kann auch eine Person außerhalb der Erbfolge sein. Nur wenn niemand im Versicherungsschein als bezugsberechtigt eingesetzt ist, fällt die Leistung in das Erbe.

Für Riester-, Basis- und Betriebsrenten gelten spezielle Regeln zur Vererbung. Riester-Verträge etwa können zwar vererbt werden, in vielen Fällen verlangt der Staat dann aber die Zulagen und steuerlichen Vorteile zurück (»schädliche Verwendung«); dann wird auch Erbschaftsteuer fällig.

> **Tipp:** Bei Ehepaaren darf die Witwe bzw. der Witwer die Zulagen und Steuervorteile behalten, wenn das Vermögen auf einen eigenen Riester-Vertrag übertragen wird. Dieser Vertrag darf sogar erst anlässlich des Erbes abgeschlossen werden. Ob die Witwe bzw. der Witwer selbst überhaupt förderberechtigt waren, spielt keine Rolle.

Je nach Riester-Produkt gibt es im Erbfall jedoch Unterschiede.

### Wenn der Riester-Rentner in der Auszahlungsphase stirbt

| Riester-Produkt | Konsequenz im Erbfall |
| --- | --- |
| Banksparplan | Der Erbe erhält den vorhandenen Restbetrag aus dem Sparplan. Stirbt der Sparer erst in der Restverrentungsphase (ab 85), ist Vererben nicht mehr möglich. |
| Fondssparplan | Wie Banksparplan. Besonderheit bei Tod in der Ansparphase: Das Riester-Erbe kann weniger wert sein als die Summe aller eingezahlten Beiträge. Die Beitragsgarantie gilt erst zum Auszahlungsbeginn (ab 60). |
| Versicherung | Vererben ist von Beginn der ersten Rentenzahlung an nicht mehr möglich. Ausnahme: Man vereinbart von vornherein eine Rentengarantiezeit über meist fünf Jahre oder eine Hinterbliebenen-Zusatzversicherung. |
| Wohn-Riester | Der Ehepartner darf die mit Riester finanzierte Wohnung erben und weiter nutzen, muss ggf. die ratenweise nachgelagerte Besteuerung des Verstorbenen weiterzahlen. |

Die Basisrente ist grundsätzlich nicht vererbbar. Das heißt: Die Leistung fällt im Todesfall an die Versichertengemeinschaft. Zum Schutz von Angehörigen empfehlen sich ähnlich wie bei Riester-Policen Rentengarantiezeiten oder Hinterbliebenenrente. Beide Optionen kosten den eigentlichen Basisrentner jedoch Teile seiner Rendite.

Für die Betriebsrente gilt: Beim Tod des Betriebsrentners können Ansprüche grundsätzlich nicht an Angehörige weitergegeben werden. Weder die eingezahlten Beiträge noch die Steuervergünstigungen sind vererbbar. Zur Absicherung der engsten Angehörigen sind jedoch Verträge mit Hinterbliebenenschutz möglich. Ansprüche dürfen dann nur in den engen Grenzen des Einkommensteuergesetzes an Ehepartner, Lebenspartner und Kinder ausgezahlt werden.

**So wird die Betriebsrente vererbt**

| Angehöriger | Höhe[1] |
|---|---|
| Ehepartner. | Voll |
| Fehlt Ehepartner: Leistung geht an unterhaltsberechtigte Kinder, solange Anspruch auf Kindergeld besteht. Spätestens mit 25 ist Schluss, bei Wehr- oder Freiwilligendienst entsprechend länger. | Voll |
| Fehlen Ehepartner und Kind: Lebenspartner erhält die Betriebsrente, falls beim Arbeitgeber des eigentlich Begünstigten Name, Geburtsdatum und Adresse angegeben waren. | Voll |
| Wenn kein Angehöriger berechtigt ist, kann Sterbegeld an Erben ausgezahlt werden. | Maximal € 8 000,– |

Quelle: § 2 Körperschaftsteuer-Durchführungsverordnung
1) Abzüglich Erbschaftsteuer.

## 12.3 Das Testament – ein kurzer Überblick

Wer mit der gesetzlichen Erbfolge keine Probleme hat, bedenkt für den Fall seines Todes Ehepartner und Kinder mit seinem Vermögen. Er muss dazu auch nichts Schriftliches verfassen. Die gesetzliche Erbfolge gilt automatisch. Wollen Sie jedoch Anderweitiges bestimmen, muss eine letztwillige Verfügung her – entweder ein Testament oder ein Erbvertrag.

## Richtig vererben

Das Testament muss

- eigenhändig (handschriftlich vom ersten bis zum letzten Wort) geschrieben sein,
- mit Vor- und Zuname unterschrieben und
- am besten auch mit Ort und Datum versehen werden.

Als Alternative zu diesem eigenhändig aufgesetzten Testament kommt das öffentliche Testament vor einem Notar in Betracht (gebührenpflichtig). Das eigenhändige Testament kann überall aufbewahrt oder beim Amtsgericht gebührenpflichtig hinterlegt werden (dann bekommen Sie einen Hinterlegungsschein), das öffentliche Testament wird immer beim Amtsgericht (das für den Sitz des Notars zuständig ist) hinterlegt.

> **Tipp:** Ehepaare können ein gemeinschaftliches Testament aufsetzen; dann müssen aber auch beide unterschreiben. Der letzte Wille kann jederzeit geändert, widerrufen, ergänzt oder vernichtet werden.

Im Testament können Sie auch bestimmte Auflagen machen, unter denen das Erbe anzutreten ist. So kann ein Kind verpflichtet werden, später das Grab zu pflegen. Sie können zudem bestimmte Vermögensvorteile wie Geld, Wertsachen, einzelne Möbelstücke, Gemälde oder anderes gezielt einer Person »vermachen«, die nicht zu den Erben gehört. Dieses Vermächtnis »beschwert« das Erbe. Das heißt: Der Begünstigte hat gegenüber den Erben dann nach Ihrem Tod einen gerichtlich durchsetzbaren Anspruch auf Erfüllung des Vermächtnisses.

## 12.4 Der Erbvertrag als Alternative zum Testament

Im Gegensatz zur einseitigen Verfügung beim Testament ist der Erbvertrag eine Vereinbarung zwischen mindestens zwei Personen, die hinterher nicht einseitig geändert werden kann. Der Erblasser legt sich damit nahezu unwiderruflich auf die Personen fest, die erben sollen. Insbesondere für nicht eheliche Lebenspartner bietet dies eine verlässliche Möglichkeit, den gemeinsamen Nachlass zu regeln.

In jedem Fall müssen alle Beteiligten den Erbvertrag vor einem Notar schließen (gebührenpflichtig). Der Vertrag wird dann beim Nachlassgericht hinterlegt (gebührenpflichtig). Wer hinterher ein anderslautendes Testament macht, kann sich die Mühe sparen, denn der Erbvertrag gilt weiter. Allerdings haben Sie als Vererbender weiterhin das Recht, Ihr Vermögen nach Herzenslust auszugeben und zu veräußern. Grund: Sie sind beim Erbe nur an die Personen gebunden, nicht an eine bestimmte Höhe des Erbes.

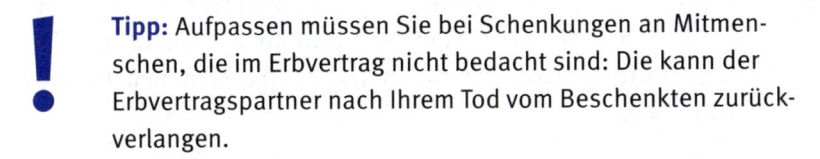

> **Tipp:** Aufpassen müssen Sie bei Schenkungen an Mitmenschen, die im Erbvertrag nicht bedacht sind: Die kann der Erbvertragspartner nach Ihrem Tod vom Beschenkten zurückverlangen.

Nachträgliche Änderungen beim Erbvertrag sind nur möglich, wenn alle Beteiligten einwilligen. Ist dies nicht der Fall, kann der Vererbende nur in Ausnahmefällen einseitig vom Vertrag zurücktreten.

## Wie sich der Letzte Wille rückgängig machen lässt

| Wille | Maßnahme |
|---|---|
| Eigenhändiges Testament | – Vernichtung<br>– Widerruf<br>– Neues Testament |
| Öffentliches Testament | – Rücknahme aus der amtlichen Verwahrung<br>– Neues Testament |
| Gemeinschaftliches Testament | – Vernichtung<br>– Widerruf<br>– Gemeinsame Rücknahme aus der amtlichen Verwahrung<br>– Neues gemeinschaftliches Testament<br>– Scheidung |
| Erbvertrag | – Notarieller Aufhebungsvertrag<br>– Rücktritt<br>– Anfechtung<br>– Scheidung |

## 12.5 Enterben – geht das?

Familienangehörige können in aller Regel nicht enterbt werden. Die gesetzliche Erbfolge sichert einem bestimmten Personenkreis den sogenannten Pflichtteil zu, der die Hälfte des gesetzlichen Erbteils umfasst, und zwar

- dem Gatten,

- den Kindern (falls die nicht mehr leben, deren Kindern),

- den Eltern, falls keine Abkömmlinge mehr leben,

- dem eingetragenen Lebenspartner.

Wenn jemand in der gesetzlichen Erbfolge – also ohne Testament – in den Genuss eines Erbteils gekommen wäre, steht ihm im Falle eines anderslautenden Testaments der Pflichtteil zu. Der Anspruch auf den Pflichtteil entsteht erst mit dem Erbfall. Das heißt: Pflichtteilsansprüche entstehen immer erst mit dem Tod des Erblassers. Es gibt keine Möglichkeit, den Pflichtteil vorher auszuzahlen.

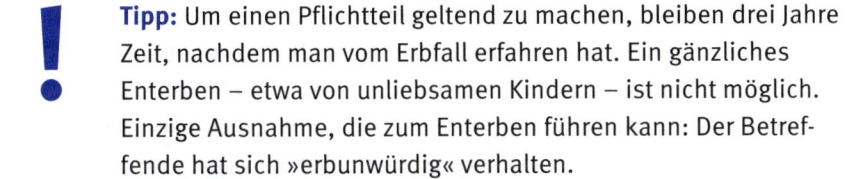

> **Tipp:** Um einen Pflichtteil geltend zu machen, bleiben drei Jahre Zeit, nachdem man vom Erbfall erfahren hat. Ein gänzliches Enterben – etwa von unliebsamen Kindern – ist nicht möglich. Einzige Ausnahme, die zum Enterben führen kann: Der Betreffende hat sich »erbunwürdig« verhalten.

**Diese Gründe können zum Enterben führen**

| Erbberechtigter hat ... | Folge für den Erbberechtigten |
|---|---|
| dem Verstorbenen nach dem Leben getrachtet oder ihn gar getötet. | |
| den Erblasser in einen Zustand versetzt, der das Aufsetzen eines Testaments unmöglich machte. | |
| den Erblasser vorsätzlich daran gehindert, ein Testament aufzusetzen. | Pflichtteilsanspruch entfällt. |
| den Erblasser durch Drohung oder Arglist dazu gebracht, ein Testament zu seinen Gunsten aufzusetzen. | |
| das Testament gefälscht oder unterdrückt. | |

Dies ist etwa auch der Fall, wenn der Erbberechtigte wegen einer vorsätzlichen Straftat zu mindestens einem Jahr Freiheitsstrafe ohne Bewährung rechtskräftig verurteilt wurde.

## 12.6 Das Dringendste für Hinterbliebene im Todesfall

Sterben ist hierzulande immer noch ein Tabuthema. Daher wissen Hinterbliebene oftmals nicht, was im Todesfall zu tun ist. Die allerersten Schritte direkt nach dem Tod sind:

- Arzt benachrichtigen, um Totenschein ausstellen zu lassen (kostet rund € 70,–; ist Voraussetzung, um Sterbeurkunde zu bekommen).
- Angehörige verständigen.
- Wichtige Unterlagen zusammenstellen.
- Sterbeurkunde beschaffen.

> **Tipp:** Die Sterbeurkunde ist beim Standesamt zu beantragen. Dazu braucht man die Geburts- bzw. Heiratsurkunde und den Personalausweis, bei Geschiedenen auch das Scheidungsurteil. Sie erhalten automatisch vier Sterbeurkunden: für das Einwohnermeldeamt, Friedhofsamt, Krankenkasse und den Rentenversicherungsträger. Da die Sterbeurkunde auch für andere Formalitäten unbedingt gebraucht wird, sollten Sie weitere Ausfertigungen verlangen; sinnvoll sind mindestens zehn Exemplare (kostet rund € 40,–). Wichtig: Totenschein und Sterbeurkunde sind zwingende Voraussetzungen für die Bestattung. Daher sollten sie so schnell wie möglich besorgt werden.

Liegt ein Testament vor, so müssen Sie das Original umgehend beim zuständigen Nachlassgericht abliefern – zuständig ist das Amtsgericht am Wohnsitz des Verstorbenen. Lassen Sie vorher eine vom Notar beglaubigte Kopie anfertigen. Falls es ein notarielles Testament oder einen Erbvertrag gibt, müssen Sie dem Gericht den Notar, den Tag der Beurkundung und die UR-Nr. des Notars (UR = Urkundenrolle) mitteilen, falls bekannt. Das Bestattungsunternehmen muss besonders schnell instruiert werden, falls ein Vorsorgevertrag zur Bestattung geschlossen wurde.

Alle anderen Erledigungen – von der Bank über das Finanzamt bis hin zu Vereinen und Abonnementverträgen – haben Zeit bis nach der Beerdigung.

> **Tipp:** Lediglich wenn der Verstorbene allein für Ihre gemeinsamen Finanzen kontoverfügungsberechtigt war, müssen Sie schnell handeln und einen Erbschein beantragen, da sonst das Geld innerhalb weniger Tage knapp werden dürfte, weil Sie nicht mehr über das Girokonto verfügen können.

Mit dem Erbschein weisen Sie Ihre Ansprüche gegenüber Behörden und Institutionen nach. Er wird beim Amtsgericht (Nachlassgericht) beantragt.

Mitzubringen sind

## 12.6.1 Sterbeurkunde,

- Auszug aus dem Familienbuch,
- Testamentsurkunde (falls ein Testament vorhanden ist).

## 12.7 Digitale Erbschaft – was tun?

Viele der 800 000 Menschen, die in Deutschland jährlich sterben, hinterlassen E-Mail-Accounts, Onlinekonten und eigene Homepages. Die wenigsten Verträge enden automatisch mit dem Tod des Nutzers, die meisten gehen auf die Erben über. Diese sollen die digitale Erbschaft sichten, was sich häufig jedoch als schwierig erweist, wie die Stiftung Warentest ermittelt hat. Wenn der Erbe die Passwörter nicht kennt, kann er die Nutzerkonten nicht selbstständig einsehen und löschen. Rechtlich eindeutig geregelt ist die Situation noch nicht. Manche Anbieter erlauben unter strengen Voraussetzungen den Zugriff auf das elektronische Postfach, andere löschen nach einem offiziellen Nachweis wie der Sterbeurkunde alle Daten, also das Nutzerkonto und damit auch alle Inhalte wie E-Mails und Bilder.

Zahlreiche Verträge gehen mit dem Tod des Nutzers auf den Erben über: eine laufende Internetauktion, die Bestellung beim Versandhandel oder die beim Onlineportal gebuchte Urlaubsreise. Der Erbe muss die versteigerte Ware auf den Weg bringen, bestellte Sachen bezahlen und die Urlaubsreise stornieren. Die wenigsten Verträge enden automatisch mit dem Tod des Internetnutzers.

Weil es so schwierig ist, den digitalen Nachlass zu sichten, gibt es inzwischen Dienstleister, die den Hinterbliebenen anbieten, diesen Teil der Erbschaft zu sortieren. Der Service kostet ab € 139,– und setzt voraus, dass die Hinterbliebenen den Computer einsenden.

> **Tipp:** Wer seinen Erben Arbeit und Kosten ersparen möchte, regelt den digitalen Nachlass am besten in einem Testament und hinterlegt die Zugangsdaten beim Notar.

Auch unentgeltliche Nutzerkonten des Verstorbenen bei sozialen Netzwerken und Versandhändlern bleiben erst einmal bestehen. Pflichten für den Erben entstehen daraus nicht. Er steht aber vor der Frage, was erhalten und was gelöscht werden soll. Inzwischen bieten große Dienste dem Nutzer schon zu Lebzeiten eine Entscheidungshilfe (Online-Testament). Beispiel Google: Wer immer ein Konto wie Google-Plus, Google-Mail hat, kann festlegen, was geschehen soll, wenn er sich drei, sechs oder neun Monate lang nicht einloggt. »Kontoinaktivität-Manager« nennt das Unternehmen diesen Service.

# Anhang

## Wichtige Adressen

Aus der Vielzahl wichtiger, interessanter und seriöser Adressen zum Thema Finanzplanung hier eine Auswahl für den Leser.

### Kostenlose Auskunft und Beratung zu Rentenfragen

| | |
|---|---|
| Arbeitsgemeinschaft berufsständischer Versorgungseinrichtungen (ABV) | Luisenstraße 17, 10117 Berlin<br>Tel.: 030 / 80 09 31 0 – 0<br>www.abv.de |
| Deutsche Rentenversicherung Bund | Ruhrstraße 2, 10709 Berlin<br>Tel: 030 / 865 – 0<br>www.deutsche-rentenversicherung-bund.de |
| Steuerberechnung für Rentner | www.test.de / Steuerberechnung-fuer-Rentner-Hilfe-fuer-die-Steuerschaetzung-1231254 – 0/ |
| Versorgungsanstalt des Bundes und der Länder (VBL) | Hans-Thoma-Str. 19, 76133 Karlsruhe<br>Tel.: 0721 / 155 – 0<br>www.vbl.de |

### Unabhängige kostenpflichtige Renten- oder Finanzberatung

| | |
|---|---|
| AfW Bundesverband Finanzdienstleistung | Ackerstr. 3, 10115 Berlin<br>Tel.: 030 / 6396467 – 0<br>www.afw-verband.de |
| Bundesverband der Rentenberater | Potsdamer Straße 86, 10785 Berlin<br>Tel.: 030 / 62 72 55 02<br>www.rentenberater.de |
| Bund der Versicherten (BdV) | Tiedenkamp 2, 24558 Henstedt-Ulzburg<br>Tel.: 04193 / 94 222<br>www.bundderversicherten.de<br>(Beratung nur für Mitglieder) |
| Bundesverband Deutscher Investmentberater (BVDI) | Marie-Curie-Str. 15, 53359 Rheinbach<br>Tel.: 02226 / 90 83 83<br>www.bvdi-ev.de |
| BVVB Bundesverband der Versicherungsberater | Rheinweg 24, 53113 Bonn<br>Tel.: 0228 / 387 29 29<br>www.bvvb.de |

| Anhang

| Immobilienverband Deutschland (IVD) | Littenstraße 10, 10179 Berlin, Tel.: 030 / 27 57 26 – 0 www.ivd.net |
|---|---|
| Suchdienst für unabhängige Berater: Der Berater-Lotse, Institut DV & P GmbH | Schleußnerstr. 26, 61348 Bad Homburg Tel.: 06172 / 17 14 849 www.berater-lotse.de |
| Verbraucherzentrale Bundesverband (VZBV) | Markgrafenstraße 66, 10969 Berlin Tel: 030 / 25 800 – 0 www.vzbv.de |
| Verbund Deutscher Honorarberater (VDH), | Emailfabrikstraße 12, 92224 Amberg Tel.: 09621 / 78 82 5 – 0 www.v-d-h-online.de |
| Verbund der Fairsicherungsläden e. G. | Unnauer Weg 7 a, 50767 Köln Tel.: 0221 / 94537945 www.fairsicherung.de |

## Finanzplanung

| Auszahlpläne: | www.finanzpartner.de / altersvorsorge / entnahmeplan.htm |
|---|---|
| Deutsche Gesellschaft für Finanzplanung | Ferdinandstr. 19, 61384 Bad Homburg Tel.: 06172 / 69 00 69 www.finanzplanung.de |
| Financial Planning Standards Board Deutschland | Eschersheimer Landstr. 61 – 63, 60322 Frankfurt / Main Tel.: 069 / 90 55 938 – 0 www.fpsb.de |

## Vorsorgevergleich im Internet

| Festgeld, Bausparen, Baugeld, langfristige Anlagezinsen: | www.fmh.de |
|---|---|
| Geldanlage, Versicherung, Rente und Vorsorge: | www.biallo.de |
| Festgeld, Bausparen, Altersvorsorge, Lebensversicherung, Riester-Rente, Betriebsrente: | www.aspect-online.de |
| Krankenkassen, Riester-Rente, Lebensversicherung: | www.fss-online.de |
| Rabatt beim Investmentfonds-Kauf: | www.fonds-discount.de; www.fondsclever.de |

# Anhang

## Ombudsleute für Schlichtung bei Streit mit Finanzanbietern

| | |
|---|---|
| Genossenschaftliche Sparda-Banken:<br>Verband der Sparda-Banken | Hamburger Allee 4, 60486 Frankfurt / Main<br>Tel.: 069 / 79 20 94 – 0<br>www.sparda-verband.de |
| Hypothekenbanken:<br>Verband der deutschen Pfandbriefbanken<br>Kundenbeschwerdestelle | Georgenstraße 21, 10117 Berlin<br>Tel.: 030 / 20 915 – 100<br>www.hypverband.de |
| Investmentfondsverband:<br>Büro der Ombudsstelle des BVI<br>Bundesverband Investment<br>und Asset Management | Unter den Linden 42, 10117 Berlin<br>Tel.: 030 / 64 49 04 6 – 0<br>www.ombudsstelle-investmentfonds.de |
| Krankenversicherung der Rentner:<br>Bundesversicherungsamt | Friedrich-Ebert-Allee 38, 53113 Bonn<br>Tel.: 0228 / 619 – 0<br>www.bva.de |
| Landesbausparkassen:<br>Schlichtungsstelle der Landesbausparkassen (LBS) | Postfach 7448, 48040 Münster<br>Tel: 0251 / 4 12 – 02<br>www.lbs.de |
| Öffentliche Banken:<br>Bundesverband Öffentlicher Banken Deutschlands<br>Ombudsmann | Postfach 110272, 10832 Berlin<br>Tel.: 030 / 81 92 – 0<br>www.voeb.de / de / ueber_uns / ombudsmann |
| Private Banken:<br>Bundesverband deutscher Banken<br>Ombudsmann | Postfach 040307, 10062 Berlin<br>Tel.: 030 / 16 63 31 66<br>www.bankenverband.de / service / beschwerdestelle |
| Private Bausparkassen:<br>Verband der privaten Bausparkassen<br>Ombudsleute | Klingelhöferstr. 4, 10785 Berlin<br>Tel.: 030 / 59 00 91 – 500<br>www.schlichtungsstelle-bausparen.de |
| Private Kranken- und Pflegeversicherung:<br>Ombudsmann | Postfach 060222, 10052 Berlin<br>Tel.: 01802/ 55 04 44<br>www.pkv-ombudsmann.de |
| Rechtsanwälte:<br>Schlichtungsstelle der Rechtsanwaltschaft | Neue Grünstraße 17 / 18, 10179 Berlin<br>Tel.: 030 / 28 44 417 – 0<br>www.schlichtungsstelle-der-rechtsanwalt-schaft.de |
| Sparkassen:<br>Deutscher Sparkassen- und Giroverband<br>Ombudsmann | Charlottenstr. 47, 10117 Berlin<br>Tel.: 030 / 202 25 15 10<br>www.dsgv.de / de / ueber-uns / schlichtungsstelle |

| Anhang

| | |
|---|---|
| Versicherer:<br>Versicherungs-Ombudsmann | Postfach 060832, 10006 Berlin<br>Tel.: 0800 / 3 69 60 00<br>www.versicherungsombudsmann.de |
| Volks- und Raiffeisenbanken:<br>Bundesverband der Deutschen<br>Volks- und Raiffeisenbanken<br>Ombudsmann | Schellingstraße 4, 10785 Berlin<br>Tel.: 030 / 20 21 – 0<br>www.bvr.de / verband<br>→ Kundenbeschwerdestelle |

## Anwaltssuche

| | |
|---|---|
| Anwaltssuchdienst | www.anwaltssuchdienst.de |
| Bundesrechtsanwaltskammer | Littenstr. 9, 10179 Berlin<br>Tel.: 030 / 28 49 39 0<br>www.brak.de |
| Deutsche Anwalt-Auskunft<br>(Deutscher Anwaltverein), | Littenstr. 141, 10179 Berlin<br>Tel: 030 / 726152 – 0<br>www.anwaltauskunft.de |

## Marktkenner und -beobachtung

| | |
|---|---|
| Arbeitsgemeinschaft für<br>betriebliche Altersversorgung<br>(aba) | Wilhelmstr. 138, 10963 Berlin<br>Tel.: 030 / 33 85 811 – 0<br>www.aba-online.de |
| Institut für Vorsorge und<br>Finanzplanung | Auf der Haide 1, 92665 Altenstadt / WN<br>Tel.: 09602 / 944 928 – 0<br>www.vorsorge-finanzplanung.de |
| Map-Report, Marktbeobach-<br>tungsdienst für Altersvorsorge | Große Str. 60, 21380 Artlenburg<br>Tel.: 04139 / 69 77 – 0<br>www.map-report.com |

## Andere wichtige Finanz-Adressen

| | |
|---|---|
| Bundesanstalt für Finanzdienst-<br>leistungaufsicht (BaFin) | Graurheindorfer Str. 108, 53117 Bonn<br>Tel.: 0228 / 4108 – 0<br>www.bafin.de |
| Deutsche Finanzagentur | Lurgiallee 5, 60295 Frankfurt / Main<br>Tel.: 069 / 25 616 – 0<br>www.deutsche-finanzagentur.de |
| Deutsche Schutzvereinigung für<br>Wertpapierbesitz (DSW) | Peter-Müller-Str. 14, 40468 Düsseldorf<br>Tel.: 0211 / 66 97 02<br>www.dsw-info.de |

# Anhang

| | |
|---|---|
| Deutsche und Schweizerische Schutzgemeinschaft für Auslandsgrundbesitz | Carl-Benz-Str. 17 A, 79761 Waldshut-Tiengen<br>Tel.: 07741 / 21 31<br>www.schutzgemeinschaft-ev.de |
| Deutsche Vereinigung für Erbrecht und Vermögensnachfolge | Hauptstr. 18,<br>74918 Angelbachtal / Heidelberg<br>Tel.: 07265 / 91 34 14<br>www.erbrecht.de |
| Deutscher-Anleger-Schutzbund (DASB) | An der Dammheide 10,<br>60486 Frankfurt / Main<br>Tel.: 069 / 23 85 38 – 0<br>www.deutscher-anlegerschutzbund.de |
| Erbe im Ausland:<br>Amtsgericht Berlin-Schöneberg | Ringstr. 9, 12203 Berlin<br>Tel.: 030 / 30 90 159 – 0<br>www.berlin.de / sen / justiz / gerichte / ag / schoen |
| Kapitalgedeckte Altersrente (»Riester«-Rente)<br>Deutsche Rentenversicherung Bund<br>Zentrale Zulagenstelle für Altersvermögen | E-Mail: zulagenstelle@drv-bund.de<br>www.zfa.deutsche-rentenversicherung-bund.de |
| Schutzgemeinschaft der Kleinaktionäre (SdK) | Hackenstraße 7 b, 80331 München<br>Tel.: 089 / 20 20 846 0<br>www.sdk.org |
| Übersicht aller staatlich zertifizierten Riester- und Basisrenten:<br>Bundeszentralamt für Steuern | An der Küppe 1, 53225 Bonn<br>Tel.: 0228 / 406 – 0<br>www.bzst.de<br>→ Steuern National Zertifizierungsstelle |

## Einlagensicherung

| | |
|---|---|
| Gesetzliche Mindestsicherung:<br>Entschädigungseinrichtung deutscher Banken GmbH: | www.edb-banken.de |
| Privatbanken: | www.bankenverband.de<br>→ Service → Einlagensicherung |

| Anhang

## Eigenheimförderung

| KfW-Bank | Palmengartenstr. 5–9,<br>60325 Frankfurt / Main<br>Tel: 069 / 74 31 – 0<br>www.kfw-foerderbank.de |
|---|---|

## Förderung private Pflegezusatzversicherung

| Bundesministerium für Gesundheit (BMG) | Rochusstr. 1, 53123 Bonn<br>Tel.: 030 / 18 441 – 0 (bundesweiter Ortstarif)<br>www.bmg.bund.de |
|---|---|

# Index

## A

Abgeltungsteuer 172, 173
Aktien 175
Alterseinkünftegesetz 28
Altersentlastungsbetrag 167, 168, 171
Altersrente 13, 27
Altersvorsorge
– Allgemein 19
– Betriebliche 83 ff.
Anlage
– Formen, Basisrente 76 ff.
– Formen, Riester-Rente 56 ff.
– Mix, optimaler 25
– Ziele 115 ff.
– Zins 16
Anleger mit 50, Tipps 127 ff.
Arbeitgeberwechsel, betriebliche Rentenversicherung 89 f.
Arbeitnehmer-Sparzulage 42
Assistance-Leistungen 101, 111
Auslandsreise-Krankenversicherung 94, 105
Auszahlplan, Bank 146, 150, 151

## B

Basisrente mit 50 71 ff.
Bausparvertrag 42, 46, 51, 64, 133
Bedarf, künftiger 12 f.
Beratung, neutrale 129
Berufsunfähigkeitsversicherung 95, 99
Bestandsaufnahme, persönliche 19
Besteuerungsanteil, Rente 73
Betriebliche Altersvorsorge 83 ff.
Betriebsrente 50, 83 ff.
Bundeswertpapiere 124

## D

Depotbank 132
Digitale Erbschaft 193 f.
Direktversicherung 84, 87

## E

Eckrentner 29
Eigentumswohnung 138
Einkünfte, künftige 13 f.
Einlagensicherungsfonds 131
Einnahmequellen 13 ff.
Enterbung 190
Entgeltumwandlung 86
Entnahmeplan 158
Erbschaft
– Digitale 193 f.
– Steuer 183 ff.
– Steuersätze 184
Erbvertrag 189
Ertragsanteil 168, 172, 173
Erwerbsunfähigkeit 21

## F

Festgeld 122
Finanzierung, Immobilie 137 ff.
Finanzplan 22
Fondsgebundene Basisrente 76
Förderung, Vermögensbildung 41 ff.
Freistellungsauftrag 176

## G

Geldentwertung 16
Geldvermögen 9
Gesetzliche
– Altersrente 13
– Mindestsicherung 132
– Rente 27 ff.
Gold 119

## H

Hinterbliebenenrente 37
Hinzuverdienstgrenzen 34

## I

Immobilien
– Ruhestand 135
– Finanzierung 137 ff.
Inflationsrate 31
Insolvenzschutz 82
Invalidenrente 35
Invalidität 99 ff.
Investmentfonds 125

## K

Kapitalanlage, Risiken 76
Kapital
– Bedarf 12
– Erhalt 76
– Erträge, Ausland 178
– Lebensversicherung 108
– Verzehr 76
– Wahlrecht 157
Kassensturz 9 ff.
Kurzfristige Geldanlagen 120 ff.

## L

Langlebigkeitsrisiko 79
Lebenserwartung ab Rentenbeginn 160
Lebensversicherung 108 ff.
Leibrente 145

## M

Mindesteigenbetrag 53
Mindestsicherung, gesetzliche 132
Mitarbeiterbeteiligung 44
Mittelfristige Geldanlagen 123 ff.

## N

Neutrale Beratung 129
Nichtveranlagung, Antrag auf 175

## P

Pension
– Steuer 169
– Fonds 84
– Kasse 84, 88
– Sicherungs-Verein 91
Persönliche Bestandsaufnahme 19
Pfandbrief 124
Pflege
– Bahr 104
– Heim 144
– Rente 103
– Tagegeld 102
– Zusatzversicherungen 101
Pflichtteil 190
Preisspiegel für Immobilien 136
Privathaftpflichtversicherung 95, 96
Privatrente 24
Protektor 92

## R

Regelaltersrente 32
Reiseversicherungen 105 ff.
Rendite 24
Rente
– Alter 32
– Anwartschaften 21
– Berufsständische Versorgungswerke 27
– Erwerbsminderung 35
– Gesetzliche 27 ff.
– Hypothek 145
– Information 30
– Reform 2002 47
– Versicherung, private 157

# Index

Riester
- Banksparpläne 57
- Fondssparpläne 58
- Förderung für Ehegatten 63
- Rente 47, 53 ff.
- Versicherungen 60
- Vertrag, überförderter 171
- Zulage 47

Risiko
- Lebensversicherung 16
- Neigung 22, 126
- Vorsorge, Versicherungen 93 ff.

Rürup-Rente 50, 71 ff.

## S

Schädliche Verwendung 186
Scheidung, Anlagestrategie bei 21
Schenkungsteuer 183 ff.
Schulden 11
Selbstständige, Basisrente für 80
Seniorentarife 99
Sicherungsfonds 82
Sofortrente 110
Solidaritätszuschlag 163
Sparbriefe 123
Sparbuch 120
Sparer-Pauschbetrag 156
Spekulationsfrist 178
Steuererklärung für Rentner 179 ff.
Stiftung Warentest 20

## T

Tagesgeld 121
Testament 187

## U

Überschussbeteiligung 76
Umgekehrte Hypothek 144
Umlageverfahren 28
Unfallversicherung 99, 100, 110
Unisextarife 61
Unverfallbarkeitsfrist 90

## V

Vermächtnis 188
Vermietete Immobilie als Kapitalanlage 140 ff.

Vermögen
- Bildung, Förderung 41 ff.
- Planung 117
- Wirksame Leistungen 41 ff.

Verrentung, Vermögen 156 f.
Versicherungen 93 ff.

Versorgung
- Ansprüche, Alter 17
- Freibetrag 169, 170
- Lücke 17 ff.

Vorsorge
- Rechner 20
- Geschichten 28

## W

Wohneigentum 136
Wohnrecht, lebenslanges 143 ff.
Wohn-Riester 64
Wohnungsbauprämie 45

## Z

Zertifizierung 77
Zinseszinseffekt 57, 67, 154, 162